하나님께로 돌아오라

Copyright © 1989, 2012 by David F. Wells
Originally published in English under the title
*Turning to God* by Baker Books,
A division of Baker Publishing Group
P.O. Box 6287, Grand Rapids, MI 49516, U.S.A
All rights reserved.

Used and translated by the permission of Baker Publishing Group
through rMaeng2, Seoul, Republic of Korea.

This Korean Edition Copyright © 2014 by Jipyung Publishing Company.

이 한국어판의 저작권은 알맹2 에이전시를 통하여 Baker Publishing Group과 독점 계약 한 지평서원에 있습니다.
신 저작권법에 의하여 한국 내에서 보호받는 저작물이므로 무단 전재와 무단 복제를 금합니다.

# 하나님께로 돌아오라

데이비드 웰스 지음 | 조계광 옮김

지평서원

CONTENTS

■ 추천의 글 _ 더글라스 버드셀 … 6
■ 지은이 머리말 … 12

1장 기독교의 회심 … 29

2장 내부자의 회심 … 65

3장 어떻게, 왜 돌이켜야 하는가 … 87

4장 회심에 관한 교회의 견해 … 117

5장 외부자의 회심 1 유대인과 무슬림 … 141

6장 외부자의 회심 2 힌두교 신자와 불교 신자 … 163

7장 외부자의 회심 3 유물론자 … 177

8장 미래를 향하여 … 209

■ 참고문헌 … 226

| 추천의 글 |

# 세상의 구원자는 오직 예수 그리스도뿐

더글라스 버드셀(S. Douglas Birdsall)
_국제로잔위원회 의장

　회심을 다룬 책들은 많다. 그런데 그중에서도 데이비드 웰스의 책은 신학적 범위와 깊이, 문화인류학적 관점, 심리학적 관점에 대하여 폭넓은 지식에 근거한 통찰이라는 측면에서 볼 때 단연 으뜸이다. 웰스는 이런 요소들을 한데 엮어, 기독교 회심이 가진 독특하면서도 초자연적인 특성들을 설득력 있게 파헤친다.
　이 책에 실린 메시지는, 이 책이 처음 출판되었던 1989년보다 오늘날 교회가 처한 상황에 훨씬 더 긴박하고 중요하게 요구되는 내용이라고 할 수 있다. 다원주의와 다문화주의의 영향력이 점차 강해지면서 "내가 곧 길이요 진리요 생명이니 나로 말미암지 않고는 아버지께로 올 자가 없느니라"(요 14:6)라는 예수님의 배타적인 주장을 적대시하는 풍토가 형성되었다. 유일성을 내세우는 주장은 21세기에 걸맞지 않은 독선으로 비난받는다. 배타적인 태도는 세계화된 현대 사회에서 가장 중요하게 여겨지는 관용의 정신과 정면으로 충돌한다. 그 결과, 오늘날 교회는 성경의 권위와 그리스도의 유일성 등의 문제 앞에서 모호한 태도를 취하는 '신자들'에 의해 은연중에 그릇된 방향으로 변질되고 있다.

오늘날의 기독교인들은 교회 밖에 있는 사람들이 제기하는 도전뿐 아니라, 교회를 좀 더 매력 있고 쉽게 접근할 수 있는 곳으로 만들어야 한다고 주장하는 내부의 압력에도 대처해야 하는 상황에 직면했다. '회심'을 진지한 고찰과 희생과 헌신적인 섬김과는 무관하며 그저 '매우 단순한 과정'으로 소개하면서 그리스도를 믿고 교회에 나오라고 권유하는 경우가 너무나 많다. 그러면서도 삶과 가정과 지역 사회에서 변화된 증거를 찾기가 어렵다고 토로하면서 그 이유를 궁금해한다.

예수님은 제자들에게 복음전도를 명령하시면서, 세상에 나가 사람들에게 손을 들게 하거나 결신 카드에 서명하게 하라고 지시하지 않으셨다. 예수님은 사람들을 제자로 삼아 세례를 주고, 자신이 명령한 모든 것을 가르쳐 지키게 하라고 명령하셨다. 그렇게 하려면, 초자연적인 역사를 통해 사람들의 삶이 철저히 변화되어 하나님께로 온전히 돌이킬 때까지 집중적이고도 지속적으로 관심을 기울이고 노력해야 한다.

새 시대의 지도자들이 더욱 강해지기 위해서는, 현대 사회에서 기독교의 회심에 대한 문제를 고민해 온 사람들의 지혜를 한데 모아 자신의 것으로 만들어야 한다. 웰스는 1988년 1월에 홍콩에서 '로잔 협약(Lausanne Consultation)'이 체결되었을 때 이 책을 저술했다. 당시 참석자들은, '사회 복음을 강조하고 하나의 세계교회를 비전으로 제시했던' 에큐메니컬 신학의 영향을 극복하려고 노력했다.

'세계 복음주의협의회(World Evangelical Fellowship)'와 아울러 소집된 '회심과 세계복음화에 관한 협의회(Consultation on Conversion and World Evangelization)'에는 세계 각처에서 온 50여 명의 신학자와 목회자와 선교 지도자들이 참석했다. 그들은 다양한 관점을 반영하는 스물세 편의 논문들을 발표하였으며, 이를 토대로 정중하고 활발하면서도 유익한 논의와 토론이 심도 있게 이루어졌다.[1] 웰스는 모두 여덟 개의 장으로 구성된 이 책에서 이 모임의 연구 결과를 간단명료하게 풀이한다.

이번에 새롭게 출판된 이 책을 통해, 부디 새로운 세대가 '세상의 구원자는 오직 예수 그리스도뿐'이라는 진리를 믿는 믿음을 다시금 회복하고, 그 믿음을 더욱 견고히 다지게 되기를 바란다. 그리고 그들의 복음전

---

1) 이 논문들은 여섯 가지 분야를 다루고 있다. 첫째는 성경적 근거이다. R. T. France, "The Bible on Conversion(response by H. Blocher). F. Foulkes, "The Conversion of Paul"(response by C. Horak). 둘째는 신학적 의미이다. J. I. Packer, "The Means of Conversion"(response by T. Engelsviken). C. P. Choong, "The Place of Conversion"(response by J. Maeland). 셋째는 역사적 발전이다. W. R. Godfrey, "Conversion in the Church to 1800." P. Beyerhaus, "Conversion in the 19th and 20th Centuries." 넷째는 심리학적 차원과 사회학적 차원이다. Malcolm Jeeves, "The Psychology of Conversion." John Court, "Psychological Factors in Conversion," Paul Hiebert, "The Sociology of Conversion." 다섯째는 문화적 상황이다. E. Rommen, "Willowbank Updated." K. Bockmuehl, "Christian Conversion and Marxist Culture." Y. Eggerhorn, "Christian Conversion and Nominally Christian Culture." Dennis J. Green, "Christian Conversion and Islamic Culture." Mahendra Singhal, "Christian Conversion and Hindu Culture." Milton Wan, "Christian Conversion and Buddhist Culture." Moishe Rosen, "Christian Conversion and Jewish Culture." 여섯째는 선교학적 차원이다. B. Nicholls, "Conversion and Baptism." Joshua Yakubu, "Conversion and Pastoral Care." Agnes Liu, "Conversion and the Urban Poor." Suand Sumithra, "Conversion and the Cosmic Christ." W. Stuckey, "Conversion and the Cults: A Case Study." R. Buckland, "Conversion and Childhood." J. Engel, "Conversion and the Decision Making Process."

도를 통해, 세계 곳곳에서 많은 사람들이 회개하고 구원받아 하나님께로 돌이키는 역사가 일어나기를 간절히 기도한다.

이 지면을 빌려 나의 친구이자 스승인 웰스에게 진 빚이 많다는 점을 밝히고 싶다. 내가 신학교 졸업반에 다닐 무렵, 웰스는 고든콘웰(Gordon-Conwell) 신학교에서 교수로서의 탁월한 경력을 막 시작했다. 그는 강의하기 전에 항상 은혜로운 기도와 경건의 시간을 가졌다.

1978년 10월의 어느 날 아침, 웰스는 경건의 시간에 기독교 예배의 독특성을 묵상하면서 세 가지 요소를 언급했다. 기독교 예배가 독특한 첫 번째 이유는 우리가 예배하는 대상 때문이다. 우리는 살아 계신 하나님을 예배한다. 그리고 두 번째 이유는 그리스도의 요구 때문이다. 그리스도는 사람들에게 자신을 따르되 자기를 부인하고 자기 십자가를 지고 따르라고, 즉 죽음을 각오하고 따르라고 명령하셨다. 마지막으로 세 번째 이유는 그 보상 때문이다. 바울은 "나를 위하여 의의 면류관이 예비되었다"라고 말한다.

그날의 경건의 시간은 내게 깊은 영향을 미쳤고, 미래의 삶의 궤적을 바꾸어 놓았다. 나는 내 삶이 나의 것이 아니기 때문에 내 꿈과 야망을 포기하고 하나님을 온전히 의지해야 한다는 사실을 새롭게 깨달았다. 그 결과, 나는 지금까지 복음의 사자로서 다른 사람들보다 더 힘겹게 살아가고 있다. 그러나 일본에서 사역하며 세계교회를 위해 일하는 동안, 나는 스스로 세운 계획을 고집하면 얻을 수 있었을 그 어떤 것보다 더 만족스럽고 영광스러운 결과를 얻었다. 웰스를 통해 "잃으면 얻고, 죽으면 산다"는 역설의 진리를 깨닫게 하신 하나님께 감사드린다. 그는 지금까지 사람들이 하나님께로 돌이켜 오직 그리스도만이 주실 수 있는 죄 사함의 은혜와 영원한 새 생명을 누리기를 바라는 한결같은 마음으로 신학을 가르쳐 왔다.

    하나님께 모든 감사를 올린다.

2011년 10월,
매사추세츠 보스턴에서.

| 지은이 머리말 |

# 하나의 복음, 다양한 전달 방식

데이비드 웰스(David F. Wells)

오늘날 우리의 주변에서는 온갖 종류의 회심이 이루어지고 있다. 알코올중독자는 술을 끊고 정상적인 생활로 돌아오고, 지루함에 지친 서구인들은 지금까지의 생활 방식을 버리고 동방의 정신적 지도자들에게서 새로운 의미를 찾으려고 애쓴다. 또한 옛 삶을 청산하고 사이비 종파에 빠지는 사람들도 있고, 제도화된 종교를 떠나 내면의 잠재력을 계발하려고 애쓰는 사람들도 있다.

이런 종류의 '회심'들은 극적인 사건과 행동의 변화를 통해 더욱 깊어질 수 있을지 몰라도, 기독교가 제시하는 회심과는 아무런 상관이 없다. 그리스도를 유일한 목표이자 이유로 삼고 그분을 섬기는 자리로 나아가지 않는 회심은 기독교의 회심이 아니다. 그리스도가 흘리신 속죄의 보혈을 근거로 하여 성령의 사역을 통해 죄를 버리고 하나님께로 돌이키지 않는 것은 기독교의 회심이 아니다.

## 1980년대 말과 오늘날[1]의 상황

1988년, 우리는 홍콩에 모여 이 주제에 대해 논의했다. 당시의 정치적, 종교적 상황은 오늘날과는 많이 달랐다. 그러하기에 그 이후 20여 년이 지나는 동안 변한 것과 변하지 않은 것을 잠시 생각해 보는 것이 좋을 듯하다.

우리가 회심이라는 위대한 기독교의 주제를 논의할 당시에는 베를린 장벽이 건재했다. 마르크스주의(Marxism)가 세계의 많은 곳을 지배하고 있었으며, 공산주의 국가에서는 기독교인들이 매우 심하게 탄압받고 있었다. 그런 상황에서, 이듬해(1989년)에 베를린 장벽이 무너지고 그로부터 얼마 지나지 않아 소비에트 연방이 해체되리라고 어느 누가 상상이나 했겠는가? 우리도 마찬가지였다. 우리는 그저 기독교를 가차없이 탄압하는 무신론 정권 아래서 핍박당하는 기독교 목회자들을 염려할 뿐이었다. 그런데 그런 정권들이 대부분 바람에 날리는 겨처럼 한순간에 사라지고 말았다. 만일 최근에 이 책을 썼다면, (비록 아직도 중국에서는 무신론적 유물론이 공식적으로 인정받고 있다 하더라도) 마르크스주의를 이렇게 비

---

[1] 편집자주 – 이 책(영문판)이 처음 출판된 것은 1989년이며, 2011년에 개정판이 출간되었다. 1989년과 2011년의 시대적 상황은 다소 변화가 있었다. 데이비드 웰스는 그 점을 염두에 두고서 2011년에 이 머리말을 작성하였다.

중 있게 다루지는 않았을 것이다.

이 시기에 일어난 중대한 변화는 비단 소비에트 연방의 해체만이 아니었다. 다른 변화들도 많이 일어났다. 한 가지 예로, 1980년대 말 이슬람의 호전적인 태도가 좀 더 강렬해진 것을 꼽을 수 있다. 만약 최근에 이 책을 썼다면, 이슬람에 훨씬 더 관심을 두었을 것이다. 왜냐하면 이슬람 세력이 저지르는 테러 사건이 뉴스에 종종 보도되고 있는데다가, 미국과 유럽에서 무슬림들의 숫자가 20년 전보다 훨씬 크게 증가했기 때문이다.

그동안 기독교 세계 안에서도 큰 변화가 일어났다. 오늘날에는 기독교인의 수적인 무게 중심이 북반구에서 남반구로 옮겨 갔다. 이런 변화는 1988년에도 진행되고 있었으며, 지금은 완전히 고착되었다. 유럽에서는 기독교적 유산이 거의 사라지고, 텅 빈 예배당과 교회들만이 덩그러니 남아 기독교가 전성기를 구가했던 과거를 짐작케 할 뿐이다. 이런 변화로 인해 세계 기독교는 1988년에 비해 더 젊어지고 교육 수준이 더 낮아졌으며 피부색이 더 짙은 얼굴들로 채워졌다. 서구 사회 밖에서 일어나고 있는 새로운 신앙은, 서구의 신앙보다 지식은 부족할지 몰라도 훨씬 더 용기 있게 느껴질 때가 많다. 아마 최근에 이 책을 썼다면, 그 이유를 분석해 보고, 서구인들의 믿음이 이토록 무기력해져 현대화된 세상과 충돌하다가 교리적 믿음을 송두리째 상실하게 된 까닭을 설명하려고 노력했을 것이다.

그러나 이런 수적이고 지정학적인 변화는 기독교를 변화시킨 여러 요인들 중 하나일 뿐이다. 흔히 지나치기 쉬운 또 다른 요인으로, 합법적이거나 불법적으로 이루어지는 대규모 이민 현상을 꼽을 수 있다. 큰 그림으로 보면, 인구가 동쪽에서 서쪽으로, 그리고 남쪽에서 북쪽으로 이동하고 있다. 예를 들어, 많은 사람들이 중동 지역에서 서유럽으로 이동하고 있다. 그들 중 대다수는 종교를 가지고 있으며, 많은 유럽 국가에서 그들의 존재가 확연하게 드러나고 있다. 그런데 그들은 기독교인이 아니다. 미국의 경우에는, 동방에서 온 이민자들 가운데 대다수가 기독교인이거나 힌두교 신자이다. 불교 신자들도 소수 있다. 그리고 남미 지역에서 온 사람들은 대부분 가톨릭 신자이다. 자유국가인 미국에 이런 이민자들이 몰려오다 보니, 오늘날 미국은 세계에서 종교가 가장 다양한 나라 중 하나가 되었다. 전에는 한없이 멀게만 느껴지고, 단지 호기심으로 관심을 가졌던 종교들이 바로 우리의 코앞에까지 이르렀다. 그래서 오늘날 다른 종교들에 관한 연구는 필수적인 것이 되었다. 그런 점에서, 기독교 이외의 종교들을 다룬 이 책은 적실성을 잃기는커녕 오히려 더욱 실용적인 책이 되었다고 할 수 있다.

    1988년에 우리는 서구 사회에서 이런 놀라운 변화가 이미 진행되고 있다는 사실을 깨닫지 못했다. 서구 사회가 기독교가 아닌 모든 종류의 영성을 향해 열려 있다는 사실을 미처 깨닫지 못한 채, 우리는 서구의 세속주의에만 관심을 쏟고 있었다. 그도 그럴 것이, 1960년대에는 서구 사회가 온통 세속화되는 것처럼 보였기 때문이다. 존 로빈슨(John Robinson)은 1963년에 『신에게 솔직히』(Honest to God)라는 책을 썼다. 그는 기독교인들이 변화된 상황에 순응하지 않으면 완전히 시대에 뒤떨어지게 될 것이라고 주장했다. 그로부터 몇 년 뒤인 1966년에는 「타임」(Time) 지의 표지에 "하나님은 죽었는가?(Is God Dead?)"라는 대담한 질문이 제기되었다. 거기에는 몇몇의 급진주의자들이 기고한 글이 실려 있었다. 알타이저(Altizer), 반 뷰렌(Van Buren), 해밀턴(Hamilton)과 같이 당시에는 이름이 거의 알려지지 않은 사람들이었다. 그들도 로빈슨과 동일한 결론에 도달했고, 이미 자체적으로 조정을 시도하고 있었다. 그들의 머릿속에는 기독교 신앙이 전혀 남아 있지 않았다.

그러다가 1970년대에 들어, 특히 미국에서 세속적인 인본주의가 세속화 논쟁에 가세했다. 한쪽에서는 옛 계몽주의 합리론의 주창자들이 미국인의 생활 영역에서 모든 종교와 영성이 완전히 사라지거나 적어도 변두리로 내몰리기를 기대했고, 다른 한쪽에서는 그러한 미래를 예상한 종교인들이 종종 우려를 표명했다. 그들은 그렇게 논쟁에 가담했다.

그러나 상황은 양측 모두의 예상과는 다르게 흘러갔다. 세속주의의 물결이 여전히 지속되었고, 사회의 일각에서 특히 큰 위력을 떨쳤다. 세속주의는 문화적 엘리트 집단에 둥지를 틀었다. 그들은 자신들만의 상징과 언어와 이미지를 만들어 자신들을 이해해야 한다고 주장했다. 한편 그들에 비해 다소 평범한 사람들 사이에서는 전혀 새로운 상황이 전개되었다. 어느 누구도 예상하지 못한 일이 벌어지고 있었다. 세속적인 가치관과 더불어 영적 갈망이 싹트기 시작한 것이다. 이런 변화는 1990년대에 이르러 확고해졌다. 1990년대 말, 미국인 열 명 중 여덟 명은 자신이 '영적인 존재'라고 대답했다. 영국의 경우에도 그 비율이 동일했다. 그들 가운데 3분의 1에 해당하는 사람들은 "종교적인 존재가 아니라 영적인 존재"를 자처했다. 즉, 성경과 같이 그들이 그 권위를 인정하지 않는 자료에 근거한 교리에 동의하지 않겠다는 뜻이었다. 또한 교회와 같은 종교 단체에 소속될 필요성을 전혀 느끼지 못한다는 뜻이기도 했다. 그들은 자신들이 만들거나 고안한 윤리적 규칙 외에는 그 무엇도 받아들이려 하지 않았다.

또한 우리는 1988년에 기술 문명이 이토록 폭넓게 세상을 지배하리라는 것도 전혀 예측하지 못했다. 특히 인터넷과 같은 기술이 영적인 것에 대한 개인적인 탐구를 촉진시킬 줄은 꿈에도 생각하지 못했다. 오늘날 복음주의는 이런 영적 갈망에 적절히 대처할 준비가 되어 있지 않다. 복음주의 진영조차도 교리나 지역 교회의 역할에 대해 제대로 이해하지 못할 뿐더러, 성경을 절대적인 윤리 규범으로 받아들이려 하지 않기 때문이다.

이렇게 영성을 추구하는 문화는, 우리가 20년 전에 홍콩에 모여 그토록 열심히 연구했던 세속주의나 마르크스주의보다 성경적 신앙을 훨씬 더 위협하는 세력으로 부상하였다. 이것은 너무나 당연한 흐름이다. 왜냐하면 선(禪)불교나 카발라(Kabbalah, 신비주의 유대교), 서구화된 힌두교, 다양한 범신론을 지향하는 이교적 신비주의와 같은 다채로운 형태의 문화적 영성들이 표면적으로는 기독교 신앙과 동일한 것을 제공하기 때문이다. 이런 영성들은 기독교 신앙을 모방할 뿐 아니라, 심지어 스스로 고안해 낸 회심까지 요구한다. 그러나 다소 비슷하다 할지라도, 그런 영성들은 기독교 신앙의 적일 뿐, 그것의 다른 형태나 대안이 될 수 없다.

1988년에 우리가 관심을 기울였던 신학을 돌이켜 보는 것은 유익한 일이다. 당시에는 지배적이었던 신학이 오늘날에는 대부분 힘을 잃거나 완전히 사라져 버렸다. 그런 신학을 독려하고, 다양한 모임을 열어 그것을 전파하는 일에 앞장섰던 '세계교회협의회'는 오늘날 그 영향력이 매우 약해진 상태이다. 당시에 '제2차 바티칸 공의회'의 결정 사항들 중 일부에 대해 고민하던 가톨릭교회는 이제 관심을 돌려 다른 문제들을 다루고 있다. 따라서 이 책이 다루는 신학 사상들이 오늘날에는 그다지 중요하지 않은 듯 보일 수도 있다.

그러나 우리가 홍콩에서 논의했던 특별한 신학적 문제들 중 일부가 그 의미를 다소 상실했다 하더라도, 당시에 그것들을 다루면서 적용했던 원리들은 여전히 유효하다. 왜냐하면 그 원리들이 성경에 근거를 둔 것이기 때문이다. 그러므로 그 신학적 원리들을 깊이 음미한다면, 그 근거가 되는 성경적 진리, 곧 대대로 영원히 지속될 진리가 확연히 드러날 것이다.

## 기본 원리

이 책에서는 우리가 홍콩에서 다루었던 주제인 회심에 대하여 구체적으로 기술하고 있다. 기독교의 회심과 관련하여 절대 타협할 수 없는 중심 원리가 두 가지 있다. 첫째는 기독교의 회심이 초자연적이라는 것이고, 둘째는 그것이 독특하다는 것이다. 여기서 우리가 말하는 초자연성과 독특성을 충족하지 못하는 회심은 기독교의 회심이 아니다. 그런 회심은 참되지도 않고, 온전하지도 않다.

### 회심의 초자연성

기독교의 회심은 어떤 측면에서 초자연적일까? 기독교의 회심이 초자연적인 이유를 세 가지로 정리하여 생각할 수 있다. 첫째, 그리스도 안에서 이루어지는 하나님의 구원 사역이 없이는 회심이 이루어질 수 없기 때문이다. 둘째, 죄를 책망하는 성령의 사역이 없이는 바람직한 회심이 이루어질 수 없기 때문이다. 셋째, 하나님의 영감으로 기록된 성경을 통해 죄인이 깨달아야 할 진리가 공급되지 않으면 회심이 이루어질 수 없기 때문이다. 개혁주의 전통은 이 세 가지 외에 네 번째 이유를 덧붙인다. 그것은 성령의 초자연적인 재창조 사역, 곧 중생의 사역이 없이는 회심할 수 없다는 것이다. 중생이 원인이고, 회심이 결과이다. 하나님의 거듭나게 하시는 사역은 죄에서 돌이키고자 하는 강력한 소원을 불러일으키고, 그리스도를 믿을 수 있는 힘을 제공한다. 이 거룩한 사역이 회심을 이끌어 낸다. 따라서 죄에서 돌이켜 그리스도를 믿는 당사자는 죄인 자신이지만, 회심과 믿음은 모두 하나님이 주시는 선물이다.

그러나 기독교 밖에 있는 사람들은 일반적으로 기독교의 회심에 관하여 이와는 매우 다르게 이해한다. 그들은 회심을 순전히 심리적인 현상으로 이해하고, 종종 그것을 인간의 비정상적인 행위로 간주하기까지 한다. 그들은 행동이 변화되고 종교적인 신앙을 가지게 되는 것을 순전히 자연적인 원인에서 비롯되는 것으로 설명하려고 할 뿐 아니라, 종종 비정상적인 심리 상태에서 비롯된 것으로 이해한다. 그들은 회심을 자의적이고도 자기 발생적인 것으로 이해한다.

그러나 성경은 회심이 자의적이고 자기 발생적인 현상이라고 가르치지 않는다. 개혁주의만 그렇게 가르치는 것이 아니다. 아르미니우스 사상에 기초한 역사적 웨슬리 교파도 하나님의 은혜가 없이는 인간의 부패한 성향 안에서 믿음을 가지거나 복음을 받아들이는 일이 일어날 수 없다는 데 동의한다. 물론 웨슬리 교파는 이 은혜가 하나님의 영원하신 선택의 발로라는 신학적 개념을 거부하는 반면, 개혁주의는 이를 받아들인다. 그러나 그런 차이점이 있기는 하지만, 웨슬리 교파와 개혁주의는 그리스도의 대속 사역이 그 자체로 완전하다는 원리(거기에 아무것도 더할 수 없고, 더할 필요도 없으며, 무엇을 뺄 수도 없다는 원리)에 동의한다. 그리스도의 대속 사역은 영원토록 한결같으며, 하나님의 긍휼과 용서를 구하는 이들을 위하여 영원하고도 결정적인 효력을 발휘한다.

모든 세대는 이 원리를 항상 새롭게 이해해야 한다. 왜냐하면 모든 죄인의 내면에는 자기 자신의 전적인 무능력을 부인하려는 성향이 깔려 있을 뿐 아니라, 자신의 힘으로 완전한 구원을 이룰 수는 없을지라도 나름대로 구원에 어느 정도 기여할 수 있다고 믿는 성향이 도사리고 있기 때문이다. 그것은 마치 하나님이 우리의 구원을 불완전한 상태로 놔두신 채 우리가 부족한 부분을 채울 때까지 기다리신다고 생각하는 것과 같다. 16세기 종교개혁자들은 그런 생각을 단호히 배격했다. 회심이 이루어지려면 칭의가 필요하다. 그런데 칭의는 우리의 도덕적 행위로 완성되는 것이 아니며, 또 그렇게 할 수도 없다. 왜냐하면 그렇게 된다면 은혜가 은혜될 수 없기 때문이다. 그런데도 오늘날 우리의 구원에 자신의 의를 보태려는 습성이 다시금 고개를 쳐들고 있다. 신약성경 학계에는 소위 '새 관점(New Perspective)' 학파가 등장했다. 그들은 개신교를 표방하면서도 그런 식의 주장을 내세우며, 그것을 바울의 사상으로 간주한다. 더욱이 복음전도자들이나 시장주의 교회성장론자들은 복음의 교리적 요소를 축소하면서 개인에게 의를 이루는 능력이 있다고 믿는 자아관으로 되돌아가려는 움직임을 보이고 있다.

오직 그리스도의 십자가 사역에 근거한 하나님의 은혜만이, 우리 안에서 하나님이 뜻하신 구원의 목적을 이룰 수 있다. 은혜는 우리의 행위로 보완할 필요도 없고, 그렇게 할 수도 없다. 이를 부인하는 것은 은혜를 단지 신성한 능력, 곧 효과적일 수도 있고 그렇지 않을 수도 있는 영향력 정도로 축소하는 결과를 낳는다. 그것은 성경이 가르치는 은혜가 아니다. 또한 성경이 계시하는 하나님(우리 스스로는 결코 이룰 수 없는 것을 처음부터 끝까지 온전하게 이루시는 하나님)을 전하는 것도 아니다. 회개하고 믿는 당사자는 우리 자신이지만, 회심이 초자연적인 성격을 띤다고 말하는 이유가 바로 여기에 있다.

### 회심의 독특성

행위라는 측면으로만 판단한다면, 회심이 오로지 기독교에만 있다고 할 수는 없다. 그러나 기독교의 회심은 사실상 매우 독특하다. 겉으로 보기에는 기독교의 회심도 다른 많은 종류의 회심과 크게 달라 보이지 않는다. 그러나 기독교의 회심은 그리스도를 의존하고, 그분 안에 근거를 두며, 그분을 바라보고, 초자연적으로 발생하며, 영원한 운명을 결정한다는 점에서 그리스도만큼이나 독특하다.

그런데 복음주의 안에서 이런 진리를 소홀히 취급하는 경우가 적지 않다. 이런 현상은 교회의 가르침과 실천이 성경의 진리 위에 제대로 서지 못할 때 종종 나타난다. 그런데 성경의 공식적인 권위를 인정하면서도 이따금 이 진리를 대수롭지 않게 여기기도 한다. 예를 들면, 개인의 신앙 간증을 이용해 복음을 전할 때 그런 일이 일어나기 쉽다. 오늘날과 같은 포스트모던(postmodern) 사회에서는 더욱 그러하다. 이런 문화적 환경에서는 삶 전체를 아우르는 거대한 원리는 사라지고, 그저 개인의 작고 사소한 이야기만이 통용된다. 그런 경우, 진리는 당사자에게만 사실일 뿐 다른 사람들에게는 사실이 되지 못한다. 결국 회심의 증언이 다른 사람들이 공감할 수 없는 개인적인 문제로 여겨지는 것이다. 기독교 밖에 있는 많은 사람들, 특히 사이비 종파에 속한 사람들도 나름대로 '회심' 이야기를 가지고 있다. 그래서 기독교의 회심이 다른 종교의 회심보다 더 우월하기를 바랄 수도 없고, 또 그렇게 될 수도 없다고 여긴다.

기독교가 진리이고 회심이 그 진리의 일부라면, 그리스도께로 돌이킨 사람들은 틀림없이 다른 사람들에게 들려줄 이야기를 가지고 있을 것이다. 그들은 하나님의 용서를 경험할 것이며, 타락한 본성이라는 누더기를 걸친 몰골로 하나님의 집에 들어갈 권리가 전혀 없는 상태에서 그분의 품에 안긴다는 것이 무슨 의미인지를 깨달을 것이다. 또한 성부께서 양팔을 활짝 벌려 자신을 맞아 주시고 좋은 옷을 입혀 환영의 만찬을 즐기게 하신다는 것이 무슨 의미인지를 알게 되며, 내주하시는 성령의 능력을 경험하고 구원의 확신에 이를 것이다. 기독교 신앙이 사실이라면(물론 사실이다!), 누군가에게 들려줄 만한 어떤 경험이 반드시 있을 것이다.

그러나 그리스도인은 마치 자신의 개인적인 경험이 다른 사람들에게 강한 호소력을 지니는 것인 양 자신의 경험을 증언해서는 안 된다. 우리는 자기 자신이 아니라 그리스도를 증언해야 한다. 그것이 신약성경이 요구하는 증언하는 사역이다. 우리는 하나님의 구속 사역이라는 객관적인 사실에 초점을 맞추어야 한다. 독특한 것은 우리의 개인적인 경험이 아니라 바로 객관적인 구속 사역이다. 인간의 경험은 당사자조차도 올바르게 평가하기가 어렵다. 그런데 우리의 경험을 깊고 정확하게 이해하지 못하는 사람들이 어떻게 우리의 주장이 사실인지 아닌지를 제대로 평가할 수 있겠는가? 이야기를 전하는 사람과 듣는 사람들은 대개 서로에 대해 잘 모른다. 그런데 어떻게 참된 것과 거짓된 것, 진정한 이야기와 그렇지 않은 이야기를 분별할 수 있겠는가?

복음의 진리는 우리의 증언에 의존하지 않는다. 복음의 진리는 하나님께서 우리와 화목하기 위해 그리스도 안에서 행하신 사역에 근거를 둔다. 따라서 우리는 복음에 대한 경험을 전할 수 있고 마땅히 전해야 하지만, 사람들을 죄 사함을 받은 우리가 아니라 죄 사함을 베푸신 그리스도께로 인도하는 변증의 형식을 취해야 한다.

요즘에는 개인적인 간증이 복음전도에 널리 활용되고 있다. 아마도 다양한 영적 부흥회를 통해 그런 관습이 형성된 것 같다. 그러나 그런 전도 방식은 알지 못하는 사이에 신약성경이 가르치는 것과는 다른 회심을 강조하기 쉽다. 물론 회심은 구원받은 하나님의 가족이 되기 위하여 반드시 필요하고 중요한 일이다. 그러나 회심은 기독교 신앙의 첫 관문일 뿐, 신앙의 전부는 아니다. 회심은 구원에 이르는 첫 단계일 뿐이다. 세월이 계속 흘러가는데도 회심의 단계에만 머물러 그것만을 증언해서는 안 된다. 앞으로 나아가야 한다.

회심만으로는 충분하지 않다. 회심은 그리스도 안에서 성장하고 그분의 형상을 닮아 가는 일평생의 여정을 시작하는 출발점이다. 아기가 태어난 뒤에는 숨을 쉬고 생명을 유지해야 하듯이, 회심한 뒤에는 반드시 제자가 되어 가는 과정이 뒤따라야 한다. 탄생이 없으면 삶이 없듯이, 중생과 회심이 없으면 기독교 신앙도 없다. 그런데 오늘날 교회 안에서는 어처구니없게도 영적 생명이 뒤따르지 않는 영적 탄생이 너무나 자주 목격된다. 그로 인해 많은 사람들이 참된 것을 추구하는 이때에 오히려 온갖 거짓이 난무하게 되었다. 많은 사람들은 과대광고와 속임수가 판을 치는 현대 사회 안에서 참된 것을 갈구한다. 그런데 오늘날 난무하는 회심에 대한 증언은 개인의 차원에서는 참될지 몰라도, 그 경계를 벗어나면 유익보다 해를 더 많이 끼친다.

우리는 이전의 논의 방식을 적용해 이 문제를 다룰 수 있다. 우리는 종종 그리스도를 구원자로만이 아니라 주님으로도 받아들여야 한다고 강조하면서, 우리가 그렇게 하지 못했다는 사실을 스스로 인정한다. 사도들은 그리스도를 구원자로 받아들이는 것과 주님으로 받아들이는 것을 구분하지 않았다. 그들에게 그리스도를 구원자로 받아들인다는 것은 곧 그분을 주님으로 받아들인다는 뜻이었다. 그리스도를 구원자로만 받아들이는 경우는 절대 있을 수 없었다. 그런데 우리는 그러한 신약성경의 가르침을 왜곡했다. 우리는 마치 물건을 팔듯이 무기력한 복음을 전하고, 아무나 그것을 받아 주기만 하면 고마워하곤 한다. 우리는 사람들이 믿음의 첫 단계를 지나 본격적으로 제자가 되어 가는 궤도로 들어가기를 기대하지 않는다.

회심이 없으면 제자가 될 수 없듯이, 제자로서 내딛는 발걸음이 없으면 회심도 없다. 이 둘은 서로 필연적인 관계에 있다. 우리는 이 입장을 굳게 지켜야 한다. 여기에서 실패한다면, 우리가 회심을 통해 하나님을 전한다 하더라도 그것은 신뢰할 수 없는 공허한 소음이 되고 말 것이다.

기독교의 회심은 독특하다. 우리가 그렇다고 말하기 때문이 아니라 그 본질이 독특하기 때문이다. 그것이 '역사적 예수가 부활하신 그리스도와 동일하신 분이요, 우리를 죄와 죽음과 마귀와 하나님의 진노에서 구원하시는 분'이라는 사실에 근거한 회심이기 때문이다. 이런 그리스도가 없다면, 성경이 가르치는 믿음이나 회심은 절대 존재할 수 없다. 우리는 죄에서 돌이켜 구원 신앙을 가지고 그리스도, 곧 성육신하신 하나님을 바라본다. 그런 그리스도께서 다른 믿음의 대상들과 다르신 것처럼, 그런 그리스도를 믿는 믿음도 다른 종류의 '신앙'과는 근본적으로 다르다.

이 책은 오늘날의 목회 사역과 복음전도 사역에 유익한 통찰력을 담고 있다. 이 책에서는 '내부자'의 회심과 '외부자'의 회심이 어떻게 다른지를 설명하는 데 초점을 맞추고 있다. 신자, 곧 하나님의 자녀가 되려면 그리스도의 대속 사역을 받아들여 죄에서 돌이키고, 지금뿐만 아니라 앞으로도 영원토록 그분을 의지해야 한다. 그러나 그렇게 되기까지의 경로는 사람마다 다르다. 회심을 이루는 세계관에 도달하지 못한 탓에 정신적으로 오랫동안 방황하는 사람들도 있고, 그런 세계관에 쉽게 접근한 덕분에 좀 더 빨리 그리스도께로 나아가는 사람들도 있다.

우리가 이미 알고 있는 대로, 신약성경에서도 '일률적인' 형식의 복음전도가 이루어진 적은 한 번도 없다(물론 모든 사람들에게 전달되는 복음의 내용은 동일하다). 사도행전을 읽어 보면, 바울은 다양한 방식으로 복음을 전한다. 그는 구약성경을 알고 있는 유대인들에게 복음을 전할 때는 예수 그리스도가 구약성경의 완성이라고 강조했다(행 13:13-43 참고). 그리고 아레오바고에서 이방인들에게 복음을 전할 때는 성경이나 역사 속에서 이루어진 하나님의 사역을 강조하는 대신, 복음과 대조하여 그들이 가진 세계관의 허상을 드러내고자 노력했다(행 17:16-34 참고). 처음에는 그리스도를 전하는 데 집중하고, 마지막에는 죄를 언급하는 방법을 사용했다. 이처럼 바울은 유대인들을 대할 때와는 사뭇 다른 방식으로 이방인들을 대했다.

이것은 신약성경의 방식은 물론, 오늘날 우리의 복음전도 방식을 이해하는 데도 매우 중요하다. 세계 각지에서 많은 이민자들이 우리의 일터와 동네로 흘러 들어오고 있다. 텔레비전과 인터넷은 우리를 세계의 시민으로 만들었다. 다양한 문화와 종교와 인종적 관습이 우리의 의식에 자리 잡았다. 따라서 바울이 보여 준 본을 배우는 것은 참으로 중요하다. 그 방법을 배운다면, 우리가 처한 다양한 상황 가운데서 회심의 진리를 적절히 전할 수 있을 것이다. 이것이 바로 이 책에서 강조하는 주제이다.

CHAPTER 1

# 기독교의 회심

**회심 없는 기독교**는 더 이상 기독교가 아니다. 왜냐하면 회심이 하나님께로 돌이키는 것을 의미하기 때문이다. '자아를 섬기고 우상을 숭배하는 행위와 죄를 버리고, 십자가의 죽음으로 하나님께 긍휼과 용서를 받을 수 있는 근거를 마련하신 그리스도께로 돌이키는 것'이 곧 회심이다. 예수님이 우리를 대신해 심판을 받으신 덕분에, 하나님이 우리를 의롭다 여기실 수 있는 길이 열렸다. 회심은 죄를 버리고 우리를 대신해 죽으신 그리스도를 영접하는 순간에 이루어진다. 회심이 없으면, 그리스도의 대속 사역을 믿는 믿음도 없고, 아무 대가 없이 순수하게 주어지는 하나님의 은혜도 없으며, 죄인들이 죽음을 피할 수도 없고, 하나님이 그리스도로 말미암아 하늘의 별처럼 많은 백성을 일으키기로 작정하신 언약의 하나님이 되실 수도 없다(엡 2:11-22; 히 11:12 참고).

그런데 전통적인 영어 성경들을 살펴보면(AV, RSV, NASB, NKJV), "회심(conversion)"이라는 단어가 단 한 번, 사도행전 15장 3절에서밖에 사용되지 않는다는 것을 확인할 수 있다. 동사의 형태로 사용된 경우도 고작 몇 번에 지나지 않는다. 그렇다면 우리가 성경이 가르치지도 않는 회심을 기독교 신앙의 핵심 요소로 만든 것일까? 회심이라는 것이 성경의 실제적인 가르침과는 상관없이, 심지어 그 가르침을 거부한 채 새롭게 생겨난 신념과 관습은 아닐까?

하나의 단어에 집착하는 연구는 오류에 빠질 가능성이 매우 높다. 성경은 회심의 필요성을 가르치되, 다양한 용어를 사용해 그 과정을 묘사하고, 그 신학적인 본질을 강조한다. 성경 기자들은 회심의 감정이나 느낌이 아니라 복음의 내용에 초점을 맞추었다. 신약성경은 극적인 회심의 사례를 여러 차례 언급하면서도 회심할 때의 심리 상태에는 관심을 기울이지 않는다(바울-행 9:5 이하, 고넬료-행 10:44 이하, 빌립보 간수-행 16:29 이하 참고). 누가는 사도행전에서 바울의 회심 사건을 세 번이나 언급한다(행 9:5 이하, 22:6 이하, 26:12 이하 참고). 회심에 동반된 현상을 묘사해야 했기 때문이 아니라, 그런 회심이 초대 교회의 역사에서 지극히 중요한 비중을 차지했기 때문이다. 신약성경의 기자들은 회심을 역동적인 의미로 이해하면서, "믿음과 회개, 은혜, 용서, 중생"과 같은 용어들을 사용해 그 의미를 신학적으로 해석했다. 따라서 회심의 본질과 그 발생 방식을 이해하려면, 그런 용어들을 살펴보아야 한다.

회심은 우리의 행위와 그리스도 안에서의 상태를 모두 포괄한다. 회심은 일차적으로 죄를 거부하고 그리스도를 믿는 것을 의미하지만, 그것만이 전부는 아니다. 우리는 회개하고 죄 사함을 받을 것과, 성령께서 우리에게 새로운 본성을 부여하셔서 그리스도를 섬기며 복종하는 삶을 살 수 있게 하실 것을 믿는다. 우리의 상태는 신학적으로 설명되어야 할 영역이며, 우리의 행위는 말 그대로 우리가 행하는 영역이다. 회심에 관한 증언에는 우리의 행위에 대한 묘사(이전의 삶에서 돌이키는 것)와 그 행위의 근거에 대한 설명(그리스도와 그분의 죽음)이 모두 포함되어야 한다.

신학적인 요소, 즉 그리스도 안에 있는 우리의 상태는 모든 신자에게 동일하게 적용된다. 기독교 신앙에 친숙하다가 그리스도를 믿는 사람이든(기독교 가정에서 자란 사람이나 구약성경의 진리를 믿는 유대인), 기독교 신앙을 잘 모르다가 주님께로 돌이킨 사람이든(회의적인 무신론자, 세속적인 유물론자, 완고한 마르크스주의자, 깨달음을 얻은 불교 신자, 기독교를 강력히 반대했던 무슬림이나 힌두교 신자) 아무 차별이 없다. 회심의 신학적 요소는 동서양을 막론하고, 지식인이나 무식한 사람이나 노인이나 젊은이나 상류층 사람이나 하류층 사람이나 모두에게 동일하게 적용된다. 복음의 내용은 언제나 똑같다. 모두가 똑같은 이유(죄인에 대한 하나님의 심판)와 똑같은 방식(죄를 고백하고 하나님이 그리스도 안에서 허락하신 구원을 받아들이는 것)으로 똑같은 그리스도를 믿어야 하며, 그 결과(진리와 의를 갈구하며 세상에서 그리스도를 섬기는 것) 역시 모두 똑같다.

그런데 회심의 경험은 서로 다르다. 하나님이 그리스도 안에서 우리를 위해 행하신 일이 다르기 때문이 아니라, 사람마다 하나님께로 돌이키는 과정이 다르기 때문이다. 가령, 기독교 가정에서 성장한 사람은 회심이 자연스럽게 이루어지기 때문에 언제 그런 변화가 일어났는지조차 확실하게 파악하지 못하는 경우가 많다. 반면 회심의 과정이 순탄하지 않은 사람들도 있다. 그들은 대개 극적인 회심을 경험하고, 그로 인해 자신이 속한 공동체에서 위험에 처하기도 한다.

회심을 심리적이고 행위적인 차원에서 생각할 때는 '내부자의 회심'과 '외부자의 회심'으로 구분하는 것이 좋을 듯하다. '내부자의 회심'이란 그리스도께로 나오기 전에 이미 믿음에 관한 지식을 가지고 있었던 사람들이 경험하는 회심을 가리킨다. 구약성경을 믿는 유대인이나 기독교 가정에서 성장한 사람, 또는 기본적인 성경의 진리를 알고 있으면서도 그리스도와 인격적인 관계를 맺지 못했던 교인들의 회심이 이 범주에 속한다. 한편 '외부자의 회심'이란 기독교에 대한 사전 지식이 없거나, 회심으로 인해 이전의 신념과 행위를 포기해야 할 사람들이 경험하는 회심을 가리킨다. 힌두교나 이슬람교, 불교와 같이 기독교 이외의 종교를 믿었던 사람들이나, 마르크스주의나 서구적 세속주의 같은 이데올로기를 신봉했던 사람들의 회심이 이 범주에 속한다(서구적 세속주의가 표방하는 상대주의와 물질주의는 또 다른 형태의 우상숭배로 귀결된다).

내부자의 회심과 외부자의 회심을 구분하기가 항상 쉬운 것은 아니다. 그러나 그것은 별로 중요하지 않다. 단지 전형적인 기준으로 여겨져 온 회심(특히 바울의 회심)의 경험들을 새롭게 평가하기 위해 이런 식으로 구분할 뿐이다. 어떤 복음전도자들은 전도 대상자들이 '다메섹 도상의 경험'과 같은 일을 겪게 되기를 바라며 애쓴다. 또 어떤 기독교인 부모들은 자녀들에게서 극적인 회심의 '표징'이 나타나기를 바란다. 그래서 그런 표징이 나타나지 않으면, 자녀가 정말로 믿음을 가지고 있는지 의심한다. 그러나 회심과 믿음의 과정은 제각기 독특하다. 사람마다 죄의 양상이나 세계관이 다르기 때문이다. 회심에 대한 신학적인 설명(요소)은 동일하다. 반면 행위적인 요소, 즉 그리스도를 믿는 사람의 행위는 문화와 기질, 세계관이나 이전의 삶의 방식 등에 영향을 받는다.

하나님의 관점에서 보면, 모든 인간은 죄로 인해 그분과의 관계가 단절된 상태이다. 우리는 하나님과 그분의 진리를 거부하고 자아를 높이려는 강퍅한 성향을 지닌 죄인으로서, 그분에게서 멀리 떠나 있다. 도덕적이고 종교적인 사람조차도 하나님의 심판을 피할 수 없다. 혼합주의의 성격을 띠는 '세계교회협의회'의 에큐메니컬 신학도 대안이 될 수 없다. 죄 가운데 있다는 것은 곧 하나님과 분리되어 있다는 것을 의미한다. 오직 화목하게 하시는 그리스도의 사역을 믿는 믿음으로만 이런 단절된 상태를 극복할 수 있다.

영적으로 보자면, 단지 두 부류의 사람, 즉 구원받은 사람과 구원받지 못한 사람, 신자와 불신자, 그리스도의 왕국에 속한 사람과 어둠의 왕국에 속한 사람만이 있을 뿐이다. 그런데 죄인의 관점에서 보면, 어떤 사람들은 하나님 나라에 더 가까이 있는 것처럼 보인다. 왜냐하면 그들이 이미 원죄와 삼위일체와 그리스도의 신성을 믿고 있기 때문이다. 한 가지 부족한 것이 있다면, 우리를 대신해 죄를 짊어지고 십자가에서 죽으신 그리스도의 완성된 사역을 믿는 믿음을 통해 은혜로 구원이 주어진다는 사실을 깨닫지 못했을 뿐이다. 그런 사람이 회심의 마지막 단계에 이르면, 삼위일체와 그리스도의 신성과 원죄를 믿는 믿음이 실질적인 의미를 지니게 된다.

그러나 어떤 사람들에게는 그 여정이 길고도 험난하다. 풍요에 물든 서구의 세속주의자들이 기독교인이 되려면, 기독교의 세계관과 그 규범적인 가치관, 선과 악의 궁극적인 차이, 선악을 판단하는 하나님의 심판, 일상생활을 지배하는 도덕적이고도 영적인 질서를 받아들여야 한다. 세속주의자가 회심하려면, 하나님을 저 먼 우주 너머로 밀어둔 채 욕구와 욕망을 느끼는 자아를 삶의 지렛대요 모든 의미의 원천으로 삼는 신념을 포기해야 한다. '하나님 나라에 가까이' 가려면, 세속주의자의 사고방식이 근본적으로 변해야 한다.

그런데 회심의 속도는 정신적인 거리감에 비례하지 않는다. 때로는 내부자인데도 회심의 마지막 단계까지 이르는 과정이 상당히 더디게 진행되기도 하고, 외부자인데도 과거의 신념과 행위를 신속하게 버리기도 한다. 정신적 거리감과 회심의 속도는, 죄에서 돌이켜 그리스도를 믿기까지 겪게 되는 경험과 위기의 수준에 영향을 미친다.

그렇다면 먼저 회심에 관한 성경의 가르침과 용어를 살펴보고 나서 그 신학적 의미를 좀 더 폭넓게 고찰해 보도록 하자.

# 회심

### 성경의 용어

'개정 표준역(RSV)'과 '새 국제역(NIV)' 성경은 구약성경에서 회심을 뜻하는 용어들을 전혀 사용하지 않는다. 히브리어 동사 '슈브(שוב)'는 성경에서 회심과 가장 가까운 의미를 가진 용어이다. '슈브'는 흔히 '돌이키다,' '돌아오다'로 번역된다. 이 말은 매우 다양하게 사용된다. 이 말은 신학적 의미와 상관없이 성경에서 무려 1,000번이나 사용되었고, 특히 하나님과 이스라엘의 언약이라는 측면에서 그분과 맺는 영적 관계를 가리키는 의미로 100번 가량 사용되었다.

구약성경의 선지자들은 이스라엘 백성 개인에게, 그리고 이스라엘 민족에게 죄악과 우상에게서 '돌이켜' 하나님께로 '돌아오라'고 촉구했다. 언약의 백성인 이스라엘은 언제나 하나님을 저버리기를 좋아했고(렘 2:27, 11:10 참고), 그때마다 하나님께로 돌이키라고 호소했다(호 6:1, 14:1 참고). 이것이 신명기와 선지서들의 주제이다.

일반적으로 '슈브'는 자동사로 사용된다. 그러나 때로는 하나님(시 80:3, 7,14,19 참고)이나 선지자(느 9:26; 말 2:6 참고)처럼, 이스라엘 백성의 참된 충성심을 회복시키고자 했던 주체를 주어로 하는 타동사로 쓰이기도 한다. 그러므로 구약성경이 가르치는 회심은 이중적 측면을 지닌다. 즉, 하나님이 사람들을 '돌이키게 하시고,' 또한 사람들이 그분께로 '돌아온다'는 측면이다. 예레미야 31장 18절은 이 사실을 간단하게 요약한다.

"나를 이끌어 돌이키소서. 그리하시면 내가 돌아오겠나이다."

이것이 바로 '내부자의 회심'이다. 하나님의 백성은 이미 존재하는 언약 관계를 회복하라는 요청을 받는다. 그들이 우상을 섬기는 죄를 저질렀더라도, 그것은 일시적인 실수일 뿐이다. 그들은 '실제로는' 하나님의 백성이다. 이러한 언약 관계는 '슈브'의 의미를 이해하는 데 매우 중요한 역할을 한다.

때로 '슈브'는 언약과 상관없는 경우에도 사용된다. 니느웨 백성은 언약 밖에 있었지만 사악함에서 '돌이켰다'(욘 3:8-10 참고). 또한 구약성경은 아브라함의 복이 '땅의 모든 족속'(창 12:3)에게로 확장될 것이라고 하면서 이방인의 회심에 대한 희망을 제시한다. 그러나 그 희망은 어디까지나 하나님의 백성인 이스라엘의 특별한 역할에 달려 있다. 이방인들은 독자적으로 하나님께로 돌이킨 것이 아니라 이스라엘의 복에 참여한 것일 뿐이다. 신약 시대에 이르러 이방인들의 회심에 대한 희망은 그들을 유대인으로 개종시키려는 선교적 관심으로 자연스레 발전했다.

이처럼 '슈브'는 우리가 말하는 '회심'의 의미와 가장 가까운 말이지만, 구약성경에서 보듯이 복음전도가 아니라 언약적 상황에서 주로 사용되었다. 즉, '슈브'는 결정적인 "종교적 변화," 즉 일생일대의 전환점을 통해 인격과 종교가 바뀌는 것이 아니라, 지속적으로 악을 버리고 하나님께로 '돌이키는' 행위를 통해 기존의 언약 관계를 유지하는 것에 중점을 둔다. 그 과정에는 하나님과 개인(또는 공동체)이 모두 참여한다. 요시야 왕은 일생 동안 마음을 다하고 뜻을 다하며 힘을 다하여 모세의 모든 율법을 따라 여호와께로 '돌이켰다(슈브)'(왕하 23:25 참고). 그런데 그에게 사용된 '슈브'는 우리가 말하는 회심(기독교인이 아닌 사람이 기독교인이 되는 것)의 의미가 아니다.

구약성경의 '슈브'와 같은 의미를 지니는 신약성경의 용어는 '에피스트레포(ἐπιστρέφω)'이다. 이 말은 모두 36번 사용되었는데, 그중 절반이 문자적인 의미보다는 신학적인 의미를 지니는 경우이다. 신학적인 의미는 대부분 누가복음과 사도행전에 집중되어 나타난다. '에피스트레포'는 보통 "사람들이 스스로 돌아서다"라는 의미의 자동사로 사용된다(단, 누가복음 1장 16,17절과 야고보서 5장 19,20절은 예외이다).

신약성경에 나오는 '에피스트레포' 중에 구약성경의 '슈브'를 직접 옮긴 경우도 더러 있다.[1] 그 밖의 경우에 '에피스트레포'는 제자의 삶에서 일어나는 변화를 가리키는 의미로 사용된다. 즉, 하나님 나라의 혁신적인 가치를 받아들이는 것(마태복음 18장 3절은 '에피스트레포' 대신에 '스트레포[στρέφω]'를 사용했다)이다. 예컨대, 베드로가 실패한 뒤에 돌이킨 것(눅 22:32 참고), 잘못을 저지른 동료 신자가 돌아오는 것(약 5:19,20 참고)이 그런 경우에 해당한다. 그리고 나머지 '에피스트레포'는 우리가 정의하는 회심(기독교인이 아닌 사람이 기독교인이 되는 것)을 가리킨다(① 유대인의 경우-행 3:19, 9:35; 고후 3:16, ② 이방인의 경우-행 11:21, 14:15, 15:19,

---

1) 마태복음 13장 15절, 마가복음 4장 12절, 사도행전 28장 27절은 '에피스트레포' 대신에 '스트레포'를 사용했다. 모두 이사야 6장 10절을 인용하는 내용이다. 그리고 누가복음 1장 16,17절은 말라기 4장 6절을 언급하는 것으로 보인다.

26:18; 살전 1:9, ③ 유대인과 이방인 모두를 가리키는 경우-행 26:20 참고). 명사형인 '에피스트로페(ἐπιστροφή)'는 사도행전 15장 3절에 단 한 번 사용되었다.

"이방인들이 주께 돌아온 일을 말하여."

여기서 말하는 '이방인의 회심'도 기독교인으로 개종하는 회심을 의미한다. 그리고 베드로전서 2장 25절에는 '에피스트레포'의 수동형이 사용되는데, 편지의 수신자들이 어떤 상황에서 '돌아왔는지'를 자세히 밝히지는 않지만, 우리가 정의하는 회심이라는 의미로 보인다.

"너희가 전에는 양과 같이 길을 잃었더니 이제는 너희 영혼의 목자와 감독되신 이에게 돌아왔느니라."

이처럼 회심은 '하나님께로 돌아오거나 돌이키는 것'을 의미한다. 옛 언약 안에 있는 이스라엘 백성의 경우, 하나님과 언약 관계를 맺고 있다는 것이 어떤 의미인지를 온전히 깨달아야 했다. 그리고 언약 밖에 있는 사람들의 경우, (죄로 인해 파괴되었지만) 새 언약을 통해 인류의 창조주이신 하나님과 다시금 맺게 된 부자 관계가 어떤 것인지를 깨달아야 했다(이것은 성경 시대에나 오늘날에나 마찬가지이다). 이와 같이 하나님께로 돌이킨다는 것은, 돌이키는 사람이 내부자인지 외부자인지에 따라 의미가 달라진다.

**외부자의 회심**

성경에서 '에피스트레포'가 외부자의 회심을 가리키는 것으로 사용된 경우는 모두 세 군데이다. 데살로니가 사람들은 '우상을 버리고 하나님께로 돌아와 살아 계시고 참되신 하나님을 섬겼다'(살전 1:9 참고). 루스드라 사람들은 '헛된 일을 버리고……살아 계신 하나님께로 돌아오라'는 요청을 받았다(행 14:15 참고). 아울러 바울은 이방인에 대하여 '그 눈을 뜨게 하여 어둠에서 빛으로, 사탄의 권세에서 하나님께로 돌아오게 하고, 죄 사함과 그리스도를 믿어 거룩하게 된 무리 가운데서 기업을 얻게 하는' 사역을 하였다(행 26:18 참고).

이 구절들은 회심의 두 가지 특성을 뚜렷이 드러낸다. 즉, 회심은 '옛 삶의 방식으로부터' 돌이켜 그와 정반대되는 '새로운 삶의 방식으로' 돌아서는 것을 의미한다. 신약성경에는 이 두 가지 특성을 나타내는 용어가 나온다. '메타노에오($\mu\epsilon\tau\alpha\nu o\acute{\epsilon}\omega$, 회개하다)'와 '피스튜오($\pi\iota\sigma\tau\epsilon\acute{\upsilon}\omega$, 믿다)'이다. 이 두 단어는 신약성경에서 '에피스트레포'보다 더 많이 사용되었고, 가끔 함께 사용되어 온전한 '회개의 과정'을 가리키기도 한다(막 1:15; 행 20:21 참고). 이처럼 회개와 믿음은 서로 불가분의 관계에 있다. 회개하지 않으면 믿을 수 없고, 믿으려면 회개해야 한다.

기독교인이 된다는 의미를 모두 포괄하는 용어는 없다. 그러하기에 신약성경의 기자들이 다양한 용어를 사용하는 것은 조금도 놀라운 일이 아니다. 바울은 '메타노이아($\mu\epsilon\tau\acute{\alpha}\nu o\iota\alpha$, 회개)'라는 단어를 별로 사용하지 않으며, 요한은 그 단어를 요한계시록에서만 사용한다. 바울은 '피스티스($\pi\acute{\iota}\sigma\tau\iota\varsigma$, 믿음)'라는 단어를 자주 사용하고, 요한은 주로 그 동사형인 '피스튜오'를 사용한다. 바울은 데살로니가 사람들이 '우상을 버리고 살아 계신 하나님을 섬긴 것'(살전 1:9 참고)을 바로 앞 절에서 "너희 믿음"이라는 표현으로 간단히 요약한다(로마서 1장 8절도 비슷한 용법을 사용한다). 바울이 세운 교회에 속한 신자들은 "믿는 자들"(고전 1:21; 롬 1:16 참고)이라는 말로 간단히 묘사되었고, 바울은 "믿었다"라는 말로 그들이 그리스도께로 돌아온 것을 표현한다(고전 15:2,11 참고). 요한도 같은 동사를 사용해 사마리아인들과 예수님을 따르는 유대인들의 회심을 묘사한다(요 4:39, 11:45,48, 12:11,42 참고). 그는 '예수님을 영접하는 것'과 '그분의 이름을 믿는 것'을 같은 의미로 본다(요 1:12 참고). 오직 '믿는' 자들만이 구원의 복을 받을 수 있다(요 3:16, 11:25 이하 참고).

지금까지 살펴본 중요한 세 개의 용어(에피스트레포, 메타노에오, 피스튜오)들이 신약성경이 가르치는 회심의 전부는 아니다. 예컨대, "거듭나다"라는 말은 회심이 이루어지는 순간에 성령께서 행하시는 역할을 생생하게 묘사한다. 요한은 물론(요 1:13, 3:3-8; 요일 2:29, 3:9,10, 4:7, 5:4,18 참고), 베드로(벧전 1:3,23, 2:2 참고)와 야고보(약 1:18 참고)와 바울(딛 3:5 참고)도 이 용어를 사용한다. 또한 회심은, 그리스도와 함께 부활해 새 생명을 얻는 것(롬 6:3,4; 골 3:1-4 참고), 낡은 옷을 벗고 새 옷을 입는 것(갈 3:27; 골 3:9,10 참고), 주인이 바뀌는 것(롬 6:17,18 참고), 어둠에서 빛으로 옮겨 가는 것(행 26:18; 고후 4:6; 벧전 2:9; 요일 2:9-11 참고), 죽음에서 생명으로 옮겨 가는 것(요 5:24; 엡 2:1-6 참고) 등으로 묘사되기도 한다.

회심과 같은 초자연적인 변화를 묘사하려면 신앙에 관한 다양한 표현이 필요하다. 고린도후서 5장 17절에서는 변화와 새로움이라는 핵심 주제가 가장 분명하게 묘사되어 나타난다.

"그런즉 누구든지 그리스도 안에 있으면 새로운 피조물이라. 이전 것은 지나갔으니 보라 새것이 되었도다."

보다시피, 여기에서는 '회심'이라는 단어를 단 한 차례도 사용하지 않는다.

기독교적 자의식이 한창 발달하고 있었던 신약 시대에 유대인들이 복음을 받아들이는 경우에는 내부자와 외부자의 구별이 다소 뚜렷하지 않을 수밖에 없었다. 예수님의 제자들이 어느 단계에서 '회심했는지' 궁금해하면서 우리가 생각하는 회심의 의미를 적용하여 그 답을 찾으려고 하는 것은 적절하지 않다. 하나님은 베드로가 언제 '거듭났는지'를 정확하게 알고 계시지만, 우리에게는 그 시점을 알려 주시지 않는다. 하나님께서 침묵하시는 것을 알아내려고 시도하는 것은 무익할 뿐이다. 아마도 베드로가 헬라인이었다면 언제 회심했는지 그 구체적인 시점을 찾아내기가 쉬웠을 것이다. 그러나 베드로는 유대인이었다. 그는 한 유대인 선지자의 부름에 응답했다. 아마도 그 부름이 옛 언약에 복종하는 것보다 훨씬 더 근본적이라는 사실을 그가 차츰 이해하게 되었기 때문일 것이다.

한편 신약성경에 등장하는 이방인들의 경우에도 회심한 시점이 항상 분명했던 것은 아니다. 왜냐하면 그들 가운데는 개종의 과정을 거쳐 '유대인이 된' 사람들도 있었고, 유대교로 개종하지는 않은 채 그저 도덕적이고도 종교적인 가르침만을 받아들인 사람들도 더러 있었기 때문이다

(행 10:1-4,34,35 참고). 고넬료의 경우에는 회심한 시점이 분명히 나타나는 듯하다. 베드로가 고넬료와 그의 가족에게 복음을 전할 때 성령이 말씀을 듣는 모든 사람에게 내려오셨다(행 10:44 참고). 베드로와 그의 유대인 동료들은 그 모습을 보고, 그들에게 즉시 기독교의 세례를 베풀었다. 베드로의 입장에서 보면, 이것은 외부자의 회심으로서, 예루살렘 교회의 승인이 필요한 일이었다(행 11:2-18 참고). 그런데 고넬료의 입장에서 보면, 그의 회심은 과거와 극적으로 단절하는 것이 아니라 종교적 경험의 '자연스러운' 발전에 지나지 않았다. 사회적 차원에서 보면 고넬료는 외부자였지만, 종교적 차원에서 보면 비록 유대인의 언약 공동체에 속하지는 않았지만 이미 그들의 관습과 믿음을 많이 공유하고 있는 사람이었다.

사도행전의 다른 곳에서도 고넬료처럼 '하나님을 경외하는' 이방인들이 등장한다. 그들 중에는 복음에 그와 비슷하게 반응했던 사람들도 더러 있다(행 16:14, 17:4, 18:7 참고). 일반적으로 '이방인의 회심'(행 15:3 참고)에는 확실한 종교적 신념의 변화(충성하는 대상과 삶이 즉각적으로 바뀌는 것)가 뒤따랐던 것이 분명하다. 특히 베드로의 진술에 따르면, 소아시아의 신자들(아마도 대부분 이방인들)은 과거에 따르던 삶의 방식을 버리고 기독교 신앙을 붙잡았다(벧전 2:11,12, 3:13-17, 4:3,4,14-16 참고).

복음의 위대한 능력 가운데 하나는, 인종과 종교의 장벽을 무너뜨리고 모든 사람을 아우른다는 것이다. 바울은 이 사실을 종종 언급한다. 갈라디아서 3장 27-29절에 따르면, 연합의 근거는 '그리스도와 합하는 세례'이다. 28절에 묘사된 대로, 새로운 신조가 과거의 장벽을 무너뜨리는 것이 아니라 '그리스도로 옷 입음'으로써 과거의 장벽이 무너진다. 이것은 이방인들이 유대인이 된다는 의미가 아니다. 28절을 보면, 그런 의미가 아니라는 사실이 분명하게 드러난다. 인종과 배경에 상관없이 그리스도 안에 있는 사람이라면 누구나 '아브라함의 자손'으로서 하나님의 백성이 누리는 복에 동참하게 되는 것이다.

에베소서 2장은 이 사실을 훨씬 더 강조한다. 바울은 유대인의 관점으로 에베소 사람들의 이전 상태(구원받지 못한 이방인들의 상태)를 묘사한다(1-3절 참고). 그러나 하나님의 은혜는 '그리스도 예수 안에서' 그들을 구원으로 인도할 뿐만 아니라(4-10절 참고), 인종의 장벽을 무너뜨리고, 회심한 이방인을 유대인 신자들과 똑같이 하나님의 가족으로 만든다(11-21절 참고). 이스라엘 백성의 관점에서 보면, 이방인들은 '그리스도 밖에 있는 사람들이며, 약속의 언약들에 대하여는 외인이요 세상에서 소망이 없고 하나님도 없는 자들'이었다(12절 참고). 그들은 외부자들이었다. 그러나 이제 그들은 '그리스도 예수 안에서' 모든 것이 변했다(13절 참고).

내부자에게 복음을 전하는 방식과 외부자에게 복음을 전하는 방식은 매우 다를 수 있다. 사도행전에 묘사된 다양한 전도 방식과 고린도전서 9장 19-23절에 기록된 바울의 말을 보면 이 사실을 구체적으로 알 수 있다. 특히 고린도전서에서 바울은 유대인들과 이방인들에게 다양한 방식으로 복음을 전했다고 진술한다. 그러나 제시된 구원은 똑같다. 이 구원은 동일하게 '둘이 한 새 사람이 되는' 결과를 낳는다(엡 2:15 참고). 유대인의 공동체와 회개한 이방인들의 공동체가 따로 존재하는 것이 아니다. 새로운 공동체는 모두가 '아브라함의 후손'이다. 이로써 이스라엘의 희망과 약속이 온전하게 성취된다. 옛 언약의 장벽은 더 이상 그들을 가로막지 못하며, 모두가 그리스도(새 언약) 안에 있는 자가 된다.

이처럼 신약성경은 외부자와 내부자의 회심을 구분하지만, 이렇게 두 가지 범주로 구분하는 것은 믿음의 공동체에 합류하기 이전에 속했던 사회적 신분이나 소외의 정도에 따른 것일 뿐이다. 참된 기독교인이 되고 새 생명을 얻어 공동체에 참여한 후에는 신학적으로 그 어떤 차이도 존재하지 않는다.

### 내부자의 회심

세례 요한의 사역은 '회개'로의 부름에 초점이 맞춰져 있다. 구약성경의 선지자들을 잘 알고 있는 유대인들은 틀림없이 그러한 부름에 매우 익숙할 것이다. 그것은 '슈브'의 전형적인 사례이다. 누가복음 1장 16,17절에서 천사가 선언한 대로, 세례 요한은 이스라엘 백성에게 참된 언약에 충실하라고 요구한다. 그의 사역은 내부자를 돌이키는 것, 곧 이스라엘 자손을 그들의 하나님께로 돌아오게 하는 것이었다.

예수님은 자기 백성 가운데서, 또 그들을 통해 하나님의 통치권을 확립하시려고 이스라엘의 메시아로 세상에 오셨다. '잃어버린 자를 찾아 구원하는' 예수님의 사역(눅 19:9,10 참고)은 에스겔의 환상(겔 34:1-

16 참고)이 보여 준 것처럼 이스라엘의 잃어버린 양들에 대한 하나님의 관심을 고스란히 반영한다.[2] 예수님은 유대인 청중에게 새로운 종교를 믿으라고 말씀하지 않으셨다. 그분은 그들이 항상 바르게 유지해야 마땅했던 하나님과의 관계를 회복하라고 말씀하셨다.

그렇다고 해서 예수님의 부름에 응답한 사람들의 삶에서 일어난 혁신적인 변화가 가치 없다는 말은 아니다. 그들에게는 참된 '회심'이 필요했다. 그들의 회심은 내부자의 회심에 해당한다. 마태복음 18장 3절은 이것을 어린아이처럼 되어 '돌이키는 것,' 즉 방향 전환으로 묘사한다.

회개로의 부름은 예수님이 전하신 복음의 핵심이다(막 1:15 참고). 이것은 사회적 차원에서의 '종교적 변화,' 곧 개종을 뜻하지는 않지만, 혁신적인 변화라는 의미를 내포하고 있다. 이런 사실은 '밭에 감추인 보화'와 '값진 진주'의 비유에 분명하게 드러난다(마 13:44-46; 고후 5:17 참고). 바울도 빌립보서 3장 4-11절에서 이런 종류의 방향 전환을 언급한다. 그는 과거에 아무리 귀하게 여겼던 것도 그리스도 안에서 발견한 새로운 가치와 열망에 비하면 한갓 배설물에 지나지 않는다고 고백한다.

세례 요한은 회심자들이 변화되었다는 것을 상징하는 행위로 세례를 제시한다. 여기에는 회개가 '부르심을 통해 과거와 근본적으로 단절하고 방향을 전환한다'는 의미를 지닌다는 사실이 분명하게 드러난다. 세례 요한의 세례가 어디에서 유래했는지에 대해서는 의견이 크게 엇갈

---

2) 마태복음 10장 5,6절과 15장 24절은 예수님과 제자들이 행한 사역의 한계를 명시한다.

리지만, 유대인들이 익히 알고 있었던 개종자의 세례 의식일 가능성이 매우 높다. 유대인이 되고 싶어하는 이방인들은 새로운 삶을 준비하기 위해 세례를 받았다. 그런데 세례 요한은 처음으로 그런 세례가 유대인에게도 필요하다고 주장했던 것이다. 요한은 유대인들이 매우 놀랄 것이라고 예상했지만, 아브라함의 혈통을 이어받았다고 해서 저절로 다가올 심판을 모면하리라 장담할 수는 없다고 역설했다. 오직 열매를 맺는 회개만이 구원을 보장할 수 있다(마 3:8-10 참고). 유대인이라 할지라도 '새롭게 시작할' 준비를 갖추어야 했다. 이미 하나님의 백성인 그들도 새롭게 태어나야만 했다.

예수님의 가르침에서도 회개의 근본적인 특성이 동일하게 드러난다. 그분도 세례를 새로운 시작을 상징하는 방편으로 채택하셨다. 예수님은 '동서로부터 많은 사람이 와서' 이스라엘의 족장들과 더불어 메시아의 만찬에 참석하겠지만, 단지 유대인이라는 이유만으로 당연히 참석할 줄로 생각했던 유대인들은 그러지 못할 것이라고 말씀하셨다(마 8:11,12 참고). 예수님은 세 가지 비유(마 21:28-22:14 참고)를 들어 이 주제를 가르치시면서, 다른 사람들이 유대인들의 자리에 앉으리라는 사실에 초점을 맞춘다. "하나님의 나라를 너희는 빼앗기고 그 나라의 열매 맺는 백성이 받으리라"(마 21:43)라는 말씀대로, (복종하는 아들, 합법적인 소작인, 초청된 손님으로 묘사된) 유대인들은 뒤바뀐 처지를 발견하게 될 것이다. 이 말씀은 이방인들이 이스라엘을 대체한다거나 유대인이 다른 민족으로 바뀐다는 의미가 아니다. 이 비유들의 초점은 단지 유대인이라는 이

유만으로는 구원을 받기에 충분하지 않다는 데 맞춰져 있다. 하나님의 참된 백성의 특징은 인종이나 사회적 신분이 아니라 하나님과 올바른 관계를 맺는 데서 나온다. 이제는 유대인이 아닌 사람들에게도 이런 관계로 들어갈 수 있는 길이 활짝 열렸다.

이스라엘의 연속과 단절(참이스라엘이 아닌 것으로 드러난 사람들이 거절당하는 것)이라는 긴장 관계가 신약성경 전체를 관통하여 나타난다. 바울은 로마서 9-11장에서 유대인들의 처지를 설명하는데, 여기서도 이런 긴장 관계가 분명하게 드러난다. 특히 11장에서는 '감람나무'의 비유를 사용한다(17-24절 참고). 어떤 가지들은 본래의 줄기에서 나왔고, 또 어떤 가지들은 본래 그 나무에서 나오지 않았으나 접붙임을 받아 그 나무의 가지가 되었다. 그러나 그 나무는 여전히 '이스라엘'이다. 가지의 건강을 결정하는 요인은 믿음이다(20절 참고).

전파된 복음은 '먼저는 유대인에게요 그리고 헬라인에게'(롬 1:16) 구원을 준다. 예수님과 초대 교회의 사역은 유대인들에게 회개하고 새롭게 시작하라고 요구하는 것이었다. 사도행전 2장 38절에서 베드로는 "회개하여 각각 예수 그리스도의 이름으로 세례를 받으라"라고 말한다. 사람들은 그 말에 응답하여 새로운 공동체(예수님의 제자들)에 속한다는 표시로 즉시 세례를 받았다(행 2:41 참고). 물론 그 공동체는 그때까지도 여전히 유대교의 일부로 간주되었다. 회심자들도 계속 성전에서 예배하고, 산헤드린의 치리권에 복종했다. 그들은 자신을 '이스라엘'의 일부로 생각했다. 그런데 이방인 회심자들을 인정해야 하는 문제가 제기되자 끝도 없는 논의가 오래도록 진행되었다. 그 결과 에비온파(보수적인 유대파 기독교인)[3]라는 분파가 형성되었다. 예수님을 추종하는 에비온파 신자들은 수세기를 지나는 동안 자신들을 통해 유대교가 궁극적으로 완성되었다고 주장하면서, 회심을 원하는 이방인들에게 유대교로 개종하라고 요구했다.

기독교는 고넬료를 직접 목격한 베드로의 경험(행 10:1-11:18 참고), 안디옥 교회 신자들의 이방인 전도 사역(행 11:20-26 참고), 바울의 이방인 선교 사역을 통하여 결정적인 형태를 갖추었다. 예루살렘 교회는 바울의 사역을 인정했고, 예수님을 믿는 이방인들을 유대인으로 개종시키지 않고 그 자체로 하나님의 백성으로 받아들였다. 예수님은 일부러 유대인만을 상대로 사역하셨지만, 동시에 장차 하나님이 선택하신 모든 백성이 구원받으리라는 것을 분명하게 예고하셨다(마 8:5-13, 28:18-20 참고).

새로운 공동체의 정체성과 자의식이 확고해지면서, 기독교인이 아닌 유대인들은 기독교를 자신들의 경쟁 상대로 인식하기에 이르렀다. 60년대 중반에는 심지어 로마 황제도 기독교를 독자적인 공동체로 인식했다. 그리고 85년경에는 기독교인과 유대인들 사이의 골이 돌이킬 수 없을 정도로 깊어져, 유대인의 정기적인 회당 예배의 예전(sacrament)에 다른 이교도와 기독교를 동시에 저주하는 내용을 추가할 정도였다. 사실 기독교인들을 향한 유대인들의 적대감은 그보다 훨씬 오래전부터 키워 온 것

---

3) 역자주 - 에비온파는 예수 그리스도의 신성을 부인하고, 그분을 신법을 충실히 따라 메시아가 된 의인으로 보았다.

이었다. 요한은 당시의 상황에 대해 예수님을 따르는 사람들을 유대교에서 '출교하기로 결의했다'고 진술한다(요 9:22, 12:42, 16:2 참고).

유대인들에게 하나님께로 돌아오라고 촉구하는 것으로(내부자의 회심) 시작된 신앙 운동은, 결국 하나님을 새롭게 경험하는 것을 뛰어넘어 종교의 변화(외부자의 회심)를 요구하는 신앙 운동으로 발전했다. 복음의 본질이 변했거나 하나님과의 관계와 구원을 결정하는 원리가 바뀐 것이 아니었다. 다만 기독교인들뿐만 아니라 유대인들까지도 과거의 것을 청산하고 온전히 충성해야 할 새로운 공동체가 세워졌다는 사실을 인식해야 했다. 그들은 각자 확신을 가지고서 자신들이 '참된' 이스라엘이라고 주장했지만, 그 말의 의미를 서로 배타적으로 이해했다. 이제 기독교는 자신들의 세례 가운데 세례 요한의 세례에 내재된 상징, 즉 유대인도 '참된 이스라엘'이 되려면 세례를 받아야 한다는 것을 드러냈다. 다시 말하면, 그것은 옛 공동체와 단절하고 새 공동체에 들어가는 것을 의미했다.

## 회심의 결과

### 회심과 회심한 상태

내부자의 회심이든 외부자의 회심이든, 그리고 그 경로가 어떻든 상관없이, 회심은 언제나 죄와 불순종에서 돌이켜 그리스도를 바라보며 하나님의 은혜를 받아들이는 것을 의미한다. 예수 그리스도께서 부활하신 이후, 회심은 하나님의 아들이신 그리스도를 통해 일어난다. 유대인과 이방인, 곧 내부자와 외부자 모두에게 동일한 구원이 제시되고 선포된다. 그들은 모두 똑같은 구원을 찬양하고 받아들인다. 이 구원은 동일한 책임으로 귀결되고, 동일한 복종을 요구한다. 그 시작과 과정과 마지막이 모두 그리스도에게 있다.

그 관계가 어떻게 시작되든, 은밀하게 일어나든 극적으로 일어나든, 오래 걸리든 짧게 걸리든 간에 모두가 하나님을 섬기겠다고 헌신하는 삶에서부터 출발한다. 회심은 단독적인 사건으로 그치는 것이 아니라 그 이후 이어지는 신앙생활 전체와 관련된다. 회심은 새로운 삶을 시작하는 탄생의 순간이다. 그것은 방으로 들어가는 출입문과도 같다. 사람은 태의 입구에 머물기 위해서가 아니라 살아가기 위해 태어난다. 마찬가지로 누군가가 방문을 여는 것은 영원히 문 앞에 서 있기 위해서가 아니라 방에 들어가기 위해서이다. 그런데 이상하게도 우리의 복음전도는 지금까지 회심의 이러한 진리를 왜곡했다. 많은 복음전도자들은 탄생의 순간에 대한 증언을 영적 생활의 시금석으로 간주하곤 한다. 단지 출입문을 지날 때 느낀 감정을 묘사하는 말을 방 안에 들어선 증거로 간주한다. 성령의 새롭게 하시는 사역(하나님 중심의 삶, 그분을 경외하는 마음, 그분을 영화롭게 하는 성품과 증언)이 아니라 단지 회심한 순간의 경험을 진술하는 데만 초점을 맞춘다. 그러나 회심의 참된 증거는 삶의 열매와 복종이다.

씨 뿌리는 자의 비유는 이 진리를 가장 분명하게 가르친다(마 13:3-

23; 막 4:3-20; 눅 8:4-15 참고). 예수님은 자신의 가르침에 열광하며 모여든 무리에게 이 비유를 전하셨다. 복음전도자들은 대부분 군중을 실망시키지 않으려고 애쓰지만, 예수님은 진정으로 하나님께로부터 난 사람들을 가려내기 위해 이 비유를 비롯해 여러 가지 비유를 가르치셨다(벧전 1:23; 요일 3:9 참고). 관찰자나 참여자의 시각에서 보면, 처음에는 어느 토양이 영원한 열매를 맺을지 알 길이 없다. 겉으로 드러난 현상만을 보면, 세 종류의 토양이 모두 똑같아 보인다. 돌밭과 가시떨기와 좋은 땅에 뿌려진 씨앗들이 모두 싹을 틔웠기 때문이다. 그런데 그중 돌밭과 가시떨기에 뿌려진 씨앗은 조금 자라다가 죽어 가기 시작했다. 돌밭은 흙이 깊지 않았기 때문이고, 가시떨기는 잡초들이 너무 무성했기 때문이다. 돌밭에서 나온 싹은 금방 시들어 죽었고, 가시떨기에서 나온 싹도 속도만 더딜 뿐 역시 시들었다. 이 씨앗들은 결국 모두 죽을 것이었지만, 처음에는 좋은 땅에 뿌려져 많은 열매를 맺게 될 씨앗처럼 싹을 틔워 자라기 시작했다. 처음에는 어느 것이 좋고 나쁜지를 알지 못하다가 어느 정도 시간이 지나야만 그것을 알 수 있다.

안타깝게도 씨 뿌리는 자의 비유가 주는 교훈을 잊어버리는 경우가 적지 않다. 우리는 자주 복음에 대한 열정이나 관심(식물의 싹)을 구원의 복을 증명하는 근거로 여긴다. 그러나 사실은 그렇지 않다. 그런 것은 금방 사라져 없어질 것이다. 종교적인 열정을 자극하기란 쉬운 일이다. 그 진정성은 열정의 강도가 아니라 그 지속성으로 판단해야 한다. 바꾸어 말하면, 열매, 곧 인격이 새로워지고 삶의 방향이 바뀌어야 한다.

신약성경은 회심에 관하여 이 점을 분명하게 가르친다.

간음하다가 잡힌 여자의 경우가 그 대표적인 사례이다. 이 이야기를 전하는 사람들은 이따금 "가서 다시는 죄를 범하지 말라"(요 8:11)라는 예수님의 마지막 말씀을 간과하곤 한다. 또 다른 사례로 "다시는 -하지 말고 -하라"라는 바울의 가르침을 들 수 있다. 그는 고린도후서 5장 15절에서 "그(그리스도)가 모든 사람을 대신하여 죽으심은 살아 있는 자들로 하여금 다시는 그들 자신을 위하여 살지 않고 오직 그들을 대신하여 죽었다가 다시 살아나신 이를 위하여 살게 하려 함이라"라고 가르친다. 베드로도 그와 동일하게 가르친다.

"그 후로는 다시 사람의 정욕을 따르지 않고 하나님의 뜻을 따라 육체의 남은 때를 살게 하려 함이라"(벧전 4:2).

이 구절들은 삶의 방향을 전환하는 것이 기독교 회심의 핵심임을 분명하게 밝힌다. 회심이란 경건하지 않은 것을 버리고, 신중하고 의로우며 경건한 삶을 사는 것이다(딛 2:12 참고). 또한 회심이란 악을 피하고, 하나님의 뜻대로 생각하고 행동하는 것이다. 진정한 기독교 신앙은 삶을 변화시킬 수밖에 없다.

이러한 사실은 회심을 '사람의 정욕을 따르지 않고 하나님의 뜻에 복종하는 것'이라고 말했던 사도들의 가르침에 근거를 둔다. 예수님은 "내가 하늘에서 내려온 것은 내 뜻을 행하려 함이 아니요 나를 보내신 이의 뜻을 행하려 함이니라"(요 6:38), "나는 나의 뜻대로 하려 하지 않고 나를 보내신 이의 뜻대로 하려 하므로"(요 5:30)라고 말씀하셨다. 이것은 기독교적 윤리를 가르치는 핵심 구절이다. 또한 예수님은 "누구든지 하늘에 계신 내 아버지의 뜻대로 하는 자가 내 형제요 자매요 어머니이니라"(마 12:50)라고 말씀하셨다. 기독교인은 자신의 영광이 아니라 하나님의 영광을 먼저 구해야 하고(요 7:18 참고), 자기 일이 아니라 그리스도의 일을 구해야 한다(빌 2:21 참고). 십계명의 첫 번째 계명에 복종하는 것이 가장 중요하다. 한 마디로, 회심이란 자기를 섬기는 삶에서 하나님을 섬기는 삶으로 전환하는 것이다.

베드로전서 4장 2절은 회심을 의지의 변화로 설명한다.

"그 후로는 다시 사람의 정욕을 따르지 않고 하나님의 뜻을 따라 육체의 남은 때를 살게 하려 함이라."

'사람의 정욕'과 '하나님의 뜻'은 모두 의지의 영역에 속한다. 헬라 사상이나 서구 사상과는 달리, 성경의 가르침은 의지를 중시한다. 기독교는 존재와 세계관, 감정적인 성향의 변화에 관심을 기울이는 것으로 그치지 않는다. 사람들은 많은 경우에 하나님의 부르심을 고의로 거역한다(사 30:15; 마 23:37 참고). 따라서 인간의 의지는 회심의 가장 중요한 좌소(坐所)이다.

신약성경은 우리의 뜻을 버리고 하나님의 뜻을 따르라고 가르친다. 이것이 회심의 도덕적인 본질이다. 인류의 역사는 선과 악이라는 양극 사이에 놓여 있다(막 3:4; 요 5:28,29; 고후 5:10 참고). 기독교 신앙은 단순한 영지주의적 가르침과는 달리, '의의 도'와 신자들에게 주어진 거룩한 계명을 강조한다(벧후 2:21 참고). 신자들은 '불의에서 떠나' 의의 길을 걸어야 한다(딤후 2:19 참고). 신구약 성경은 헬라 사상과는 전혀 다르다. 성경은 진리를 알 수 있고 행할 수 있는 것, 즉 도덕적인 것으로 이해한다(요일 1:6 참고). 성경은 불의로 진리를 막을 수 있다고 가르친다(롬 1:18 참고). 왜냐하면 진리가 '경건함에 속한'(딛 1:1) 것이기 때문이다. 그러하기에 바울은 디모데에게 자신의 교훈뿐만 아니라 자신의 행실과 의향도 본받으라고 당부한다(딤후 3:10 참고).

회심의 목적은 의지와 감정과 생각을 다해 하나님을 사랑하는 것이다. 회심하기 전에는 이 세 기능이 모두 자기애를 추구한다. 사랑은 감사하는 마음에서 비롯된다. 감사할 것이 많은 사람은 당연히 사랑으로 반응할 수밖에 없다. 일꾼으로 일하게 해 달라고 부탁할 생각이었으나 다시 아들이 되어 집안일을 관장할 수 있는 자리에 앉게 된 탕자처럼 말이다(눅 15:22 참고). 하나님을 향한 사랑이 기독교의 핵심이며 회심의 결과이다. 예수님이 요한복음 5장 42절에서 가르치신 대로, 신앙생활의 핵심은 하나님을 사랑하는 것이다.

베드로는 회심에 대하여 가르치면서, 우리가 다시 사람의 정욕을 따르지 않고 하나님의 뜻을 따라 살아야 한다고 말한다(벧전 4:2 참고). 사랑에 관한 이중 명령(하나님을 사랑하고 이웃을 사랑하는 것)이 바로 하나님의 뜻이다. 회심한 사람은 자신의 지난날을 솔직하게 돌아보고, 이웃에게 입힌 해를 보상하기 위하여 노력한다. 예수님을 만난 삭개오가 그 구체적인 사례이다(눅 19:8 참고). 회심에는 이러한 인간관계의 회복이 포함된다.

세례 요한의 설교를 듣고 회심한 사람들은 궁핍한 사람들에게 물질을 나눠 주라는 명령에 순종했다(눅 3:11; 딤전 6:8 참고). 예수님은 목숨이 경각에 달린 사람을 돌보았던 선한 사마리아인의 비유를 통해 이웃 사랑의 의미를 구체적으로 보여 주셨다. 회심은 혼자 경건하게 사는 것으로 그치지 않고, 관대함과 긍휼을 베푸는 행위로 나아가게 한다. 회심은 사회적으로 확인할 수 있는 경건을 불러일으켜, 인류의 행복을 염원하는 모든 사람들의 관심을 사로잡는다.

무엇보다 회심은 이론에서 실천으로 나아가도록 이끈다. 하나님은 구약성경에서 이스라엘 백성들에게 "내가 알고 있으니 너희도 알라"라거나 "내가 행복하니 너희도 행복하라"라고 명령하지 않으시고, "내가 거룩하니 너희도 거룩하라"(레 11:45 참고)라고 명령하셨다. 하나님이 자신의 말씀을 지키시는 것처럼(렘 1:12 참고), 우리도 그분의 '규례와 계명을 준행해야'(레 26:3 참고) 한다. 세례 요한도 회개에 합당한 열매를 맺으라고 강조한다(마 3:8 참고). 종교적 전통이나 정통성만을 중요하게 여기면 곤란하다. 예수님도 똑같이 가르치신다. 그분은 유대인들을 향해 그들 가운데 율법을 지키는 사람이 아무도 없다고 말씀하셨다(요 7:19 참고. 바울도 로마서 2장 13절과 17절 이하에서 비슷하게 가르쳤다). 예수님은 '말만 하고 행하지 않는'(마 23:3 참고) 서기관들과 바리새인들을 엄중히 책망하셨다. 예수님의 가르침을 지키겠노라고 말만 하지 말고, 그것을 우리의 삶에 실제로 적용하는 것이 중요하다(마 7:21,24 참고).

선한 사마리아인의 비유에서 가장 중요한 말은 '불쌍히 여기다'가 아니라 '돌보아 주다'이다(눅 10:33,34 참고). 예수님은 그 점을 이해한 사람들에게 "가서 너도 이와 같이 하라"(눅 10:37)라고 말씀하셨다. 예수님의 사역과 가르침은 종교적 공상이나 철학적 사변, 그럴듯한 말이나 의식이 아니다. 예수님의 제자들은 그것을 이해하고는 교회를 향해 이렇게 경고한다.

"아무도 너희를 미혹하지 못하게 하라. 의를 행하는 자는 그의 의로우심과 같이 의롭고"(요일 3:7).

"하나님의 나라는 말에 있지 아니하고 오직 능력에 있음이라"(고전 4:20).

그리스도께서는 의로운 삶을 실천하는지의 여부가 참선지자와 거짓 선지자를 판단하는 기준이라고 가르치셨다. 가시나무에서 포도를, 엉겅퀴에서 무화과를 딸 수는 없는 법이다(마 7:16 참고). "그들의 열매로 그들을 알리라"(마 7:20)라는 것이 바로 선지자들을 구별하는 원칙이다. "내가 하는 그 역사가 아버지께서 나를 보내신 것을 나를 위하여 증언하는 것이요"(요 5:36)라는 말씀에서 알 수 있듯이, 예수님도 그 원칙을 따르셨다. 그래서 예수님은 이렇게 말씀하셨다.

"만일 내가 내 아버지의 일을 행하지 아니하거든 나를 믿지 말려니와, 내가 행하거든 나를 믿지 아니할지라도 그 일은 믿으라. 그러면 너희가 아버지께서 내 안에 계시고 내가 아버지 안에 있음을 깨달아 알리라"(요 10:37,38).

아울러 예수님은 유대인들에게도 동일한 원칙을 적용하셨다.

"너희가 아브라함의 자손이면 아브라함이 행한 일들을 할 것이거늘"(요 8:39).

기독교인들은 당연히 이 원칙에 복종해야 한다. 요한 사도는 "그의 안에 산다고 하는 자는 그가 행하시는 대로 자기도 행할지니라"(요일 2:6)라고 가르친다(딤후 2:19 참고). 말과 행위가 일치해야 한다.

회심이 내적 경험에 머무르지 않고, 배상과 도덕적인 정직함, 이웃을 돌보는 일과 같은 열매를 맺어야 하는 이유는 무엇일까? 성령의 사역에 따른 보이지 않는 변화가 외적 형태로 드러나야 하는 이유는 무엇일까? 성경은 보이지 않으시는 성령께서 신자들의 삶과 행위를 통해 자신을 나타내신다고 가르친다(고전 12:7; 요 3:6-8 참고). 따라서 실천적인 행위를 통해 다른 사람들에게 회심의 증거를 보여 주어야 한다(마 5:16; 벧전 2:12 참고). 회심의 증거는 '위로는 하늘에서도 아래로는 땅에서도 하나님이신'(수 2:11 참고) 주님의 주권을 드러낸다(마태복음 6장 10절에 나오는 주기도의 세 번째 간구를 참고하라). 회심은 허상이 아니다. 회심은 기독교 신앙의 핵심인 하나님의 성육신과 인성을 증언해야 한다.

이론과 실천(신앙과 복종)이 하나가 되어야 하는 마지막 이유는, 기독교 신앙이 실천하는 지식을 강조하는 특성을 지니기 때문이다. 이미 이해하고 있는 바를 실천하는 것은 더 깊은 지식을 습득하는 길이다. 복종이 곧 지식의 열쇠이다. 예수님은 "사람이 하나님의 뜻을 행하려 하면 이 교훈이 하나님께로부터 왔는지 내가 스스로 말함인지 알리라"(요 7:17)라고 말씀하신다. 주님의 교훈을 실천하는 행위가 그분이 어디서 왔는지에 관한 비밀을 이해하는 열쇠가 된다는 뜻이다. 그리스도께서 어떤 분이며 진리가 무엇인지를 아는 것은 이론이나 논증의 차원에서 해결될 문제가 아니다. 둘 다 실천과 경험을 통해 알 수 있다. 하나님의 영광이 나타나는 것을 보고 싶어하는 사람만이 "너희에게 무슨 말씀을 하시든지 그대로 하라"(요 2:5)라는 명령에 기꺼이 복종할 수 있다.

### 회심과 교회

신약성경이 회심을 진지하게 다루는 것은, 회심이 세례와 밀접한 관계를 맺고 있기 때문이다. 성경에서 개인이나 집단이 회심한 사건을 묘사하는 내용을 살펴보면, 항상 세례가 구체적으로 언급된 것을 알 수 있다(오순절에 3,000명이 회개한 일[행 2:41 참고], 빌립의 전도를 통해 사람들이 회개한 일[행 8:12 참고], 시몬의 회개[행 8:13 참고], 에디오피아 내시의 회개[행 8:35-38 참고], 고넬료의 회개[행 10:44-48 참고], 루디아의 회개[행 16:14,15 참고], 빌립보 간수의 회개[행 16:31-34 참고], 그리스보의 회개[행 18:8 참고], 에베소 신자들의 회개[행 19:1-6 참고]). 그들은 모두 회심한 직후에 세례를 받았다. 이것은 세례가 신앙생활의 시작을 상징하는 외적인 의식이요 회심과 밀접하게 관련되어 있다는 것을 보여 준다.

사도행전에서 묘사하는 복음전도를 살펴보면, 세례는 항상 회개하고 복음을 믿으라는 요청과 깊은 관계를 맺고 있다. 베드로는 오순절에 군중을 향해 "너희가 회개하여 각각 예수 그리스도의 이름으로 세례를 받고 죄 사함을 받으라. 그리하면 성령의 선물을 받으리니"(행 2:38)라고 말했다. 복음전도와 선교 명령은 복음의 본질이다. 예수님은 승천하시기 직전에 제자들에게 "가서 모든 민족을 제자로 삼아 아버지와 아들과 성령의 이름으로 세례를 베풀고, 내가 너희에게 분부한 모든 것을 가르쳐 지키게 하라"(마 28:19,20)라고 명령하셨다. 남인도 도르나칼(Dornakal)의 아자리아(Azariah) 주교는 사람들에게 세례를 베풀면서 각자 자기 머리에 손을 얹고 바울처럼 "만일 복음을 전하지 아니하면 내게 화가 있을 것이다"라고 선언하게 했다고 한다.

그런데 오늘날의 복음전도는 믿고 세례를 받게 하라는 사도의 요청을 무시하는 경향이 있다. 물론 그 원인은 분명하다. 오늘날의 복음전도, 특히 대중을 상대로 하는 복음전도가 대개 교회를 기반으로 하지 않기 때문이다. 대부분의 복음전도자들이 교회와 연계성 없이 사역하기 때문에 많은 경우에 새로운 회심자들을 보살피지 못한다. 더욱이 세례는 교회가 집행하는 예식이므로 복음전도자들이 제멋대로 아무렇게나 세례를 베푸는 것은 적절하지 않다. 그러하기에 결국 새로운 회심자들이 교회와 관계를 맺지 못한 채 신자들의 공동체로부터 단절되는 결과가 발생하고 만다.

신약 시대와는 너무나 다른 상황이 아닐 수 없다. 신약성경을 보면, 모든 회심자들은 설령 추방되거나 죽게 된다 하더라도 세례를 받고 공적으로 그리스도에 대한 충성을 서약해야 했다. 그러나 오늘날의 서구 사회에서는 유아 세례나 성인 세례가 공적으로 그리스도에 대한 충성을 서약하는 의식으로 인식되지 않을 때가 많다. 반면 힌두교나 이슬람 교권에서 이루어지는 기독교 세례는 중대한 의미를 지닌다. 그런 사회에서 개인적인 회심은 가족이나 공동체 안에서 큰 문제가 되지 않지만,

세례의 경우는 다르다. 세례로 인해 회심자가 속한 가족이나 공동체는 수치를 느끼게 된다. 그들에게 세례는 곧 그리스도를 따르기로 헌신한 사람의 진정성을 시험하는, 고통스러우면서도 불가피한 예식이다. 세례는 기독교로 회심한 사람의 의지가 얼마나 강하고 진지한지를 여실히 드러낸다.

세례에 관한 이러한 논의는, 복음이 그리스도를 통해 하나님과 관계를 맺게 할 뿐만 아니라 한 걸음 더 나아가 그분의 백성과도 유기적인 관계를 맺게 한다는 점을 상기시킨다. 복음전도와 목회적 돌봄은 결코 분리될 수 없다. 하나님은 이스라엘과의 관계를 통하여 친히 목회적 돌봄의 본을 보여 주셨다. 이스라엘은 하나님의 양 떼이고, 그분은 그들의 목자였다(시 95:7 참고). 하나님은 그들의 아버지이시고, 그들은 그분의 자녀들이었다(호 11:1-4 참고).

그렇다면 그런 관계가 실제로 어떻게 표출되었을까? 하나님의 목회적 돌봄은 지속적인 부르심과 가르침, 치유와 인도를 통해 여실히 드러났다. 그분은 이스라엘을 양팔로 안으시고, 노예의 멍에를 가볍게 만들어 주셨다. 하나님은 선지자와 제사장과 왕들과 같은 종들에게 자신의 양 떼를 맡기시고, 그런 종들에게 말씀과 성령과 권위를 부여함으로써 주어진 역할을 감당하게 하셨다. 그들이 맡겨진 역할에 충실하지 않고 양들을 희생하여 자신을 배불리거나 진리를 외면하고 양들을 가혹하게 다룰 때는, 다윗의 혈통에서 다른 목자를 보내시겠다는 약속을 거듭 상기시키셨다(사 40:11; 렘 23장; 겔 34장 참고).

그리고 그리스도께서 세상에 오심으로써 그 약속이 성취되었다. 그리스도는 성령의 능력으로 가르치고 사역하셨다. 그분은 양들을 위하여 자기 목숨을 내놓은 선한 목자이시다. 예수님께서 죄인들을 체휼하신 것이 바로 목회적 돌봄의 본보기이다(눅 15:1,2, 19:1-10; 요 4:1-42 참고). 그분은 굶주림과 같은 육체적 필요에 관심을 기울이셨고(마 15:32-39; 요 21:9-14 참고), 삭개오처럼 멸시받는 사람들을 격려하셨으며(눅 19:1-10 참고), 병자들을 불쌍히 여기셨고(눅 9:2, 10:9; 요 5:1-9 참고), 깨달음이 더딘 사람들을 인내로 대하셨으며(마 15:5-12; 요 20:26-29 참고), 믿음을 잃은 자들(눅 22:31,32; 요 21:15-19 참고)과 영적으로 굶주린 자들(막 6:34; 눅 5:1-3 참고)을 불쌍히 여기셨고, 자기 사람들을 위하여 기도하셨다(막 1:35; 눅 22:31,32; 요 17:1-26 참고). 부활하신 그리스도는 제자들에게 사람들을 가르치고 보살피고 도우라고 명령하셨다. 즉, 죄인을 제자로 만드는 데 필요한 것이라면 무엇이든 행하여 그들을 목양하라고 당부하셨다.

회심자들에게 이런 목회적 돌봄을 베풀어야 한다. 그리하여 기독교 공동체가 실천하는 그리스도의 사랑과 삶을 생생히 느낄 수 있게 만들어야 한다. 가족들에게 배척당하는 사람들을 따뜻하게 맞을 수 있는 장소를 제공하고, 육체적으로 보살핌이 필요한 사람들에게 도움의 손길을 내밀어야 한다. 의심에 사로잡힌 사람들을 가르치고 보살피며, 흔들리지 않고 굳게 설 힘이 필요한 사람에게 지원을 아끼지 않아야 한다. 예수님이 죽으신 것은 그저 죄 사함을 베푸시기 위해서가 아니다. 예수님은 모든 죄에서 자유롭게 하시기 위해 죽으셨다. 일평생 지속되어야 할 이런 여정은 교회가 없이는 결코 완성될 수 없다.

지금까지 모든 신자가 그리스도를 통해 하나님과 동일한 관계를 맺는다는 사실을 살펴보았다. 이 관계는 믿음으로 하나님과 관계를 맺었던 아브라함을 통해 이미 예고되었다. 하나님과 신자의 관계는 그분의 은혜를 통해 확립된다. 하나님의 은혜 덕분에 그리스도께서 우리의 죄를 대신 짊어지고 자신의 의를 우리에게 전가하셨다. 믿음으로 하나님의 은혜를 받아들이면, 죄를 용서받고 새로운 본성을 얻게 된다. 하나님께서 친히 하나님과 우리의 관계를 확립하셨다. 그분을 아는 사람은 모두가 동일하신 그리스도와 동일하신 성령을 통해 한 분 하나님을 알고, 그로써 한몸 곧 가족이 된다. 이 사실을 깨닫는 일은 각 사람의 문화와 삶의 경험과 기질과 세계관에 따라 다르게 나타난다.

앞에서 내부자의 회심과 외부자의 회심, 곧 복음을 접할 당시 기초적인 믿음의 지식을 많이 지니고 있는 사람과 그렇지 않은 사람을 구분했다. 이러한 구분을 통해 우리는 회심의 다양한 모습을 신중하게 이해할 수 있다. 또한 특정한 형태의 경험을 회심의 전형인 양 규정하는 우를 범하지 않을 수 있다. 다음 장에서는 이런 회심을 좀 더 자세히 살펴볼 것이다.

CHAPTER 2

# 내부자의 회심

'내부자'라는 말은 별로 좋지 않은 느낌을 준다. 이 단어는 내부의 정보를 이용하거나 재계와 정계의 거물이나 사회적 엘리트층에게 정보를 팔아 이익을 챙기는 증권 중개인처럼, 특권화된 지식으로 사리사욕을 채우는 사람들을 가리키는 의도로 사용되곤 하기 때문이다. 그런 경우에 외부자는 당연히 내부자가 중요하게 여기는 것으로부터 소외된 사람을 가리킬 것이다. 그러나 우리가 말하는 내부자는 그런 의미가 아니다.

신학적 의미에서 내부자란 복음을 접할 무렵 성경 지식을 이해하고 믿는 정도가 이미 상당한 수준에 이른 사람들을 가리킨다. 먼저 그런 사람들이 어떻게 회심을 경험하는지를 알아야 한다. 그다음에 외부자(무슬림, 힌두교 신자, 불교 신자, 마르크스주의자)의 관점에서도 이 주제를 똑같이 살펴볼 것이다. 특히 이번 장에서는 바울의 삶과 회심을 어린아이의 회심과 연관 지어 생각해 보고자 한다.

## 바울의 회심

회심의 성경적인 개념을 이해하고자 할 때 가장 좋은 출발점은 바울이 회심하는 장면이다. 왜냐하면 그것이 신약성경에서 가장 두드러지는 회심의 사례이기 때문이다. 바울의 회심은 교회가 회심이 무엇인지를 이해하는 데 가장 큰 영향을 미친다.

바울의 회심은 적어도 세 가지 점에서 매우 독특하다. 그는 내부자였고, 그의 회심은 극적이었으며, 그 결과 그는 이방인의 사도가 되었다. 그렇다면 바울의 경험은 얼마나 표준적일까? 그것이 어디까지, 그리고 어떤 식으로 기독교 회심의 표준으로서 제시될 수 있을까? 언제나 바울처럼 극적인 위기를 경험하게 되리라 기대하고, 또 그런 일을 경험하기 위해 노력해야 할까? 이런 의문을 해결하려면, 먼저 성경의 기록을 주의 깊게 살펴보아야 한다.

### 바울의 회심에 관한 성경의 기록

누가는 사도행전에서 중요한 사건을 강조하기 위하여 두 가지 방법을 사용한다. 하나는 지면을 좀 더 많이 할애하는 것이고(오순절, 스데반의 증언), 또 하나는 동일한 사건을 여러 번 언급하는 것이다(고넬료를 방문한 베드로[행 10,11장 참고]). 그런데 바울의 회심을 강조하면서 그는 이

두 가지 방법을 모두 적용하여 그 사건의 신학적 의미에 관한 관심을 촉구한다. 누가는 세 차례에 걸쳐 상당히 많은 지면을 할애해 바울의 회심을 언급한다(행 9:1-9, 22:3-21, 26:4-20 참고).

이 세 곳의 기록이 모두 동일하지는 않다. 각 장마다 진술의 형식과 역사적 상황이 다르기 때문에 그런 차이가 생길 수 있다. 사도행전 9장에 기록된 바울의 회심은 복음이 예루살렘에서 이방 세계로 확장되는 과정을 설명하는 대목에 포함되어 있고, 22장에서는 바울이 분노한 유대인들을 향해 자신의 선교 소명을 설명하는 상황에서 언급되었으며, 26장에서는 바울이 아그립바에게 심문을 당할 때 자신을 변호하면서 언급되었다. 이처럼 상황이 제각기 다르기 때문에 기록상의 차이가 나타나는 것이다. 예를 들어, 사도행전 22장의 정황을 고려한다면, 아나니아를 "율법에 따라 경건한 사람으로 거기 사는 모든 유대인들에게 칭찬을 듣는 아나니아"(12절)라고 소개한 것은 매우 적절하다.

이런 차이점이 있을지라도 바울의 회심에 나타나는 주요한 특징은 세 본문 모두에서 분명하게 나타난다. 가령 세 본문은 동일하게 예수님과 그분의 제자들을 대하는 바울의 태도가 완전히 달라졌음을 보여 준다. 바울은 예수님을 주님으로 믿고 복종하고자 했으며, 이방인들에게 그분의 이름을 전하라는 부르심에 순종했다. 세 본문에는 모두 지난날의 죄를 용서받고 새 생명을 얻었다는 사실에 대한 인식이 뚜렷하게, 또는 은연중에 드러나 있다. 그 밖에도 두 곳에서는 세례가 언급되어 있다.

바울 서신에서 그의 회심을 다루는 가장 중요한 본문은 고린도전서

15장 8-10절, 갈라디아서 1장 13-17절, 빌립보서 3장 4-14절이다. 바울은 고린도전서에서 자신이 하나님의 교회를 박해했는데도 부활하신 그리스도께서 자신을 사도로 부르셨다고 말한다. 아마도 고린도전서 본문은 "어두운 데에 빛이 비치라 말씀하셨던 그 하나님께서 예수 그리스도의 얼굴에 있는 하나님의 영광을 아는 빛을 우리 마음에 비추셨느니라"(고후 4:6)라는 말씀에 비추어 생각하는 것이 가장 적절할 듯하다.

갈라디아서 1장에 묘사된 회심 사건도 고린도전서 15장 8-10절과 비슷하다. 바울은 하나님이 "그의 아들을……내 속에 나타내시기를 기뻐하셨을 때에"(갈 1:16 참고)라고 말한다("내 속에"라고 번역된 헬라어 '엔[ἐν]'은 외적 현상을 동반하는 내적 경험을 의미한다). 바울의 회심에는 그의 아들(그리스도)을 이방에 전하기 위하여 그를 택정하고 부르시는 과정이 포함되어 있다(갈 1:15 참고).

빌립보서 3장 4-14절은 바울이 회심했던 순간이 아니라 그의 변화된 삶을 묘사한다. 박해자였던 바울은 회심한 후에 자신이 가진 모든 것을 그리스도를 위하여 다 해로 여기게 되었고(빌 3:7 참고), 그의 생각은 주 그리스도를 아는 지식으로 가득 찼다(빌 3:8 참고). 바울의 회심을 다루는 빌립보서 본문은 고린도전서 15장 8-10절과 갈라디아서 1장 13-17절에 내포된 의미를 구체적으로 밝힌다. '율법에서 난 의'를 의지하던 바울은 그리스도를 믿음으로 말미암은 것, 곧 '믿음으로 하나님께로부터 난 의'를 의지하는 모습으로 변화했다(빌 3:9 참고).

이처럼 바울의 회심을 언급하는 사도행전의 세 본문과 서신서에서 진술하는 내용은 서로 크게 다르지 않다.

바울은 서신서에서 자신의 회심에 내포된 신학적 의미를 설명한다. 바울의 회심을 역사적, 신학적 측면에서 좀 더 자세히 살펴보도록 하자.

### 바울의 회심이 지닌 의미와 결과

바울의 회심은 단순한 사건이 아니라 다면적인 경험이었다. 이 점을 올바로 이해하려면 바울의 회심의 다양한 측면을 고려해야 한다.

바울에게 회심은 어떤 의미였을까? 바울에게 회심은 매우 다양한 의미를 지닌다. 그리스도를 대적했던 그가 그분께 복종했고, 하나님과 단절되었던 그가 그분과 화목하게 되었으며, 영적으로 죽었던 그가 성령을 통해 살아났고, 기독교인들을 박해했던 그가 그들과 하나가 되었다. 회심하기 전까지 바울은 오로지 이스라엘만을 생각했지만, 회심한 뒤에는 이방인들에게 복음을 전했다. 이런 변화들을 하나씩 자세히 살펴보자.

첫째, 바울에게 회심은 그리스도께로 돌이켜 그분을 섬기고 복종하는 것을 의미했다. 그리스도를 박해했던 그가 그분의 대변자가 되었다. 사도행전과 바울 서신은 회심하기 전의 그를 '하나님의 교회를 심히 박해하고 멸하려 하는 자'(갈 1:13 참고)로 묘사한다. 본문에서 알 수 있듯이, 바울은 교회가 선포했던 그리스도에 관해 어느 정도 알고 있었다. 바울은 스데반이 재판을 받으며 자신을 변호하다가 끝내 돌에 맞아 죽는 광경을 빠짐없이 지켜보았다. 그러므로 그는 틀림없이 예수님에 대한 기독교의 증언(십자가에 못 박혀 죽으신 분이 죽은 자 가운데서 살아나 '주와 그리스도'가 되셨다는 증언[행 2:36 참고])을 들었을 것이다. 또한 그가 모든 곳에서 기독교인들을 체포하려고 애쓴 것으로 보아, 예수님이 가야바 앞에서 받은 심문이나 그분이 하신 대답(막 14:61,62 참고)도 알고 있었을 가능성이 높다. 그런데도 바울은 예수님의 부활과 그분이 그리스도라는 사실을 부인하고, 그분을 '주님이요 하나님의 아들'로 믿는 믿음을 뿌리 뽑기로 결심했다.

그런데 바울이 다메섹으로 가고 있을 때 예수님께서 그를 붙잡으셨다(빌 3:12 참고). 그는 부활하신 주님을 목격한 자신의 경험을, 주님이 승천하시기 전에 그분을 목격했던 다른 제자들의 경험에 견주어 설명한다. "맨 나중에 만삭되지 못하여 난 자 같은 내게도 보이셨느니라"(고전 15:8). 또한 그는 고린도전서 9장 1절에서 예수 우리 주를 보았다고 말한다. 사도행전에서는 빛이 그의 눈을 멀게 했다고 묘사하는데, 갈라디아서 1장 12절에서는 그것을 "예수 그리스도의 계시"로 일컫는다. 바울은 십자가에 못 박히신 주님이 부활하셨다는 사실을 더는 의심할 수가 없었다. 그래서 기꺼이 복종할 수밖에 없었던 것이다. 그는 "주님, 무엇을 하리이까?"(행 22:10)라고 물었다. 바울은 부활하신 주님께 복종하자마자 그분이 '하나님의 아들이요 그리스도'이심을 전파하기 시작했다(행 9:20,22 참고). 바울은 회심을 통해 예수님께로 돌이켰고, 그분을 살아 계신 주님으로 인정하고 진정으로 복종했다.

둘째, 바울의 회심은 그에게 칭의와 화목과 죄 사함의 은혜를 가져다주었다. 바울 자신이나 다른 사람들의 증언에 따르면, 그는 도덕적으로 매우 엄격하고 진지하게 살았다. 그는 "내가 내 동족 중 여러 연갑자보다 유대교를 지나치게 믿어 내 조상의 전통에 대하여 더욱 열심이 있었으나"(갈 1:14)라고 말한다. 또한 바리새인으로 살아가던 당시의 삶을 묘사하면서 자신을 "율법의 의로는 흠이 없는 자"(빌 3:6)로 소개한다. 그러나 자기 의를 의지하던 바울의 삶이 회심하면서 산산이 깨졌다. 빌립보서 3장을 보면, 하나님께 인정받고 의롭다하심을 받는 방법에 관한 그의 생각이 회심을 통해 완전히 달라졌다는 것을 알 수 있다. 그는 회심한 후에 "오직 그리스도를 믿음으로 말미암은 것이니 곧 믿음으로 하나님께로부터 난 의"(빌 3:9)를 깨달았다.

바울은 빌립보서 3장 9절에서는 하나님 앞에서 새로운 신분을 얻게 되었다는 사실만을 진술하고, 그 과정을 설명하지 않는다. 그런데 갈라디아서와 로마서에서는 예수님이 십자가에서 죽으셨기 때문에 그렇게 되었음을 분명하게 증언한다. 그는 로마서 3장 22절에서 "예수 그리스도를 믿음으로 말미암아 모든 믿는 자에게 미치는 하나님의 의"를 언급한다. 믿는 자들이 '그리스도 예수 안에 있는 속량으로 말미암아 하나님의 은혜로 값없이 의롭다하심을 얻은 자'가 되는 것은, 하나님이 예수님을 '그의 피로써 믿음으로 말미암는 화목제물'로 세우셨기 때문이다(롬 3:24,25 참고).

바울이 회심한 뒤에 어떤 과정을 거쳐, 얼마나 빨리 이러한 진리를 깨닫게 되었는지는 정확하게 알 수 없다. 그러나 그가 회심하기 전에 예수님의 십자가에 대해 가지고 있던 인식이 완전히 뒤바뀐 것은 분명하다.

바울은 이스라엘의 율법과 전통을 배우면서 자랐기 때문에 십자가에 못 박혀 죽은 사람은 저주를 받은 사람이라고 믿었다(갈 3:13; 신 21:23 참고). 따라서 십자가에 못 박히신 그리스도에 관한 메시지는 유대인에게는 '거리끼는 것(스칸달론[σκάνδαλον])'이 될 수밖에 없었다(고전 1:23; 갈 5:11 참고). 그러나 회심한 후에 이 메시지는 바울에게 큰 기쁨이 되었다. 십자가 외에는 중요한 것이 아무것도 없을 정도였다(고전 2:2 참고). 예수님이 십자가에서 우리의 죄를 짊어지신 덕분에 의와 칭의와 하나님과의 화목과 죄 사함의 길이 열렸다. 바울은 다메섹으로 가던 길에 '예수 그리스도의 계시'(갈 1:12)를 통해 바로 이러한 복음의 핵심, 곧 복음의 근본 원리를 깨달았다. 이처럼 바울이 그리스도께로 돌이킨 것은 하나님께로 새롭게 돌이킨 것을 의미한다. 그는 율법을 지키는 것이 아니라 하나님의 은혜를 의지하게 되었다.

셋째, 바울은 자신의 회심이 죽은 자들에게 생명을 주시는 성령의 사역을 통해 이루어졌다는 것을 알았다. 바울은 시간이 지날수록 죄인이 그리스도께로 돌이킬 때 하나님이 행하시는 역할에 대해 좀 더 분명하게 이해하게 되었지만, 회심한 직후에도 하나님의 성령을 통해 새 생명이 주어졌다는 사실을 인식했다. 그 생명은 그의 태도를 완전히 바꿔 놓았다. 아나니아가 안수했을 때, 그는 시력을 회복하게 되었을 뿐만 아니라(행 9:17 참고) 틀림없이 성령으로 충만하게 되었을 것이다. 그러하기에 그는 고린도후서 5장 17절에서 "그런즉 누구든지 그리스도 안에 있으면 새로운 피조물이라. 이전 것은 지나갔으니, 보라 새것이 되었도다"

라고 말한다. 바로 이것이 하나님과 화목하게 됨으로써 얻는 결과이다.

세례가 상징하는 바와 같이, 바울은 지난날의 삶이 죽어 장사되었다고 말한다(롬 6:1-4 참고). 또한 갈라디아서 2장 20절에서는 이렇게 말한다. "내가 그리스도와 함께 십자가에 못 박혔나니 그런즉 이제는 내가 사는 것이 아니요 오직 내 안에 그리스도께서 사시는 것이라. 이제 내가 육체 가운데 사는 것은 나를 사랑하사 나를 위하여 자기 자신을 버리신 하나님의 아들을 믿는 믿음 안에서 사는 것이라."

그는 이런 새로운 상태를 "내 안에 그리스도께서 계시는 것," "그리스도 안에 있는 것," "성령 안에 있는 것," "하나님의 영이 거하시는 것"으로 묘사한다(롬 8:9,10 참고). 그것으로 변화를 묘사한다. 즉, 육신을 따라 행하는 삶에서 영을 따라 행하는 삶으로, 율법에서 은혜로, 죽음에서 생명으로, 어둠에서 빛으로, 잃는 데서 얻는 것으로 돌이키는 것이다(롬 8:4 참고). 성령을 통해 이 모든 변화가 일어난다.

이러한 바울의 비유적 표현들은 모두 단회적 경험을 암시하지만, 동시에 지속적인 변화라는 의미도 내포한다. 세례는 우리가 그리스도의 죽으심 및 부활과 연합한다는 의미이다. 세례는 옛 삶에 대해 죽고 새 삶을 받아들이는 것을 상징한다. 그런데도 바울은 자신이 날마다 죽는다고 말한다(고전 15:31; 고후 4:10-12 참고). 회심하는 순간에 바울은 그리스도를 위해 얼마나 많은 고난을 받아야 할지를 깨달았다(행 9:16 참고).

넷째, 바울의 회심은 기독교인들을 박해하는 행위에 즉각 영향을 미쳤다. 그의 회심은 인격적이고도 개인적인 차원에서 이루어졌지만, 그로 인해 그가 죽이려 했던 사람들과 연합하게 되었다. 왜냐하면 하늘에서 들려온 첫 마디가 제자들을 박해하는 그의 행위가 곧 그리스도를 박해하는 것이라는 말이었기 때문이다. 이처럼 그리스도께로 돌이킨다는 것은 그분을 따르는 사람들과 하나가 된다는 것이다. 바울은 시력을 회복하고 세례를 받은 후에 다메섹에 있는 제자들과 함께 머물렀다(행 9:19 참고). 바울은 갈라디아서 1장에서 자신이 예루살렘의 사도들과는 다른 방식으로 사도가 되었다고 밝히는데, 그것이 그가 외톨이 사도였다는 의미가 아니다. 오히려 그는 예루살렘과 다메섹의 교회를 비롯해 모든 교회와 교제하는 것을 매우 중요하게 생각했다(행 9:26-29; 갈 2:1-10 참고).

마지막으로, 사도행전의 세 본문과 갈라디아서 1장의 내용을 살펴보면, 바울의 회심은 그가 이방인의 사도로 부르심 받은 것과 밀접하게 관련되어 있다. 주님은 아나니아에게 "이 사람은 내 이름을 이방인과 임금들과 이스라엘 자손들에게 전하기 위하여 택한 나의 그릇이라"(행 9:15)라고 말씀하셨다. 그리고 바울에게는 "내가 너를 구원하여 그들(이방인들)에게 보내어 그 눈을 뜨게 하여 어둠에서 빛으로, 사탄의 권세에서 하나님께로 돌아오게 하고, 죄 사함과 나를 믿어 거룩하게 된 무리 가운데서 기업을 얻게 하리라"(행 26:17,18)라고 말씀하셨다.

바울이 이방인의 사도로 부르심을 받은 내용은 사도행전 9장과 22장, 26장에 다양하게 묘사되어 있는데, 모두가 그의 회심 사건과 밀접하게 관련되어 있다. 그러나 그보다 더 중요한 것은, '하나님이 그리스도를 이방에 전하기 위하여 그리스도를 자신에게 나타내셨다'는 바울의 진술이다(갈 1:16 참고). 바울은 예수 그리스도를 통해 우리가 은혜와 사도의 직분을 받았다고 분명하게 선언한다(롬 1:5 참고). 바울을 그리스도 안에 있게 만든 은혜와 그의 사도적 소명(그리스도의 이름을 위하여 모든 이방인 중에서 믿어 순종하게 하는 일)은 불가분의 관계에 있다.

다메섹 도상에서 받은 계시가 그리스도를 알지 못하는 곳에 그분의 복음을 전하라는 명령을 담고 있다는 사실을 바울이 어떻게, 얼마나 빨리 이해했는지를 정확히 말하기는 어렵다(고전 9:16; 고후 5:14 참고). 어쩌면 눈이 보이지 않았던 사흘 동안 '하늘의 음성'을 생각하면서 성경을 새롭게 깨달았는지도 모른다. 바울이 아라비아로 간 것(갈 1:17 참고)이 갑작스러운 회심의 의미를 깨우치기 위해서인지, 아니면 복음전도를 위해서인지에 대해서는 아직도 논란의 여지가 많다. 바울이 사도로서의 소명과 이방인 선교의 관계를 이해하기까지 다소 시간이 걸렸다고 하더라도, 신약성경은 그의 회심이 세상에 복음을 전하라는 소명과 밀접하게 관련되어 있다는 것을 분명하게 보여 준다.

바울의 회심이 지니는 이런 의미들은 모두 그가 경험한 것의 일부이다. 그것들은 하나님을 믿는 근거이자 수단이요 결과이다. 이러한 바울의 회심은 내부자의 회심에 해당한다. 그렇다면 성령께서 다메섹 도상에서 그리스도를 만나게 하기 위해 바울을 어떻게 준비시키셨는지를 간단히 살펴보자.

예수님이 바울에게 하신 말씀에서 출발하는 것이 가장 좋을 듯하다. 주님은 그에게 "가시채를 뒷발질하기가 네게 고생이니라"(행 26:14)라고 말씀하셨다. 이 말씀은 황소가 쟁기질하는 사람을 차려다가 쟁기만 걷어차 도리어 자신을 고통스럽게 하는 모습을 묘사한다. 바울은 온 힘을 다해 예수 그리스도를 대적했지만, 결국 자기 자신을 해칠 뿐이었다. 바울이 걷어찼던 가시채는 바로 진리와 실재였다. 하나님은 그것을 사용하여 바울에게 올바른 길을 깨우쳐 주고자 하셨다. 어쩌면 바울의 회심은 스데반이 평화로운 얼굴로 순교를 당하는 광경을 목격하는 순간부터 시작되었는지도 모른다(행 7:58, 22:20 참고).

바울은 율법을 지킴으로써 의를 얻으려고 온 힘을 기울였다. 어쩌면 율법에 근거하여 하나님께 인정을 받으려고 노력하는 것이 헛된 일은 아닌지 의문스러워했을지도 모른다. 로마서 7장이 바울의 자서전적인 기록인지 아닌지를 둘러싸고는 의견이 분분하다. 그러나 그것이 바울의 경험과는 전혀 상관 없다고 말하기는 어려울 듯하다. 로마서 7장이 특히 중요한 이유는, 그가 "탐내지 말라"(롬 7:7)라는 특정한 율법을 통해 죄를 깨닫게 된다고 진술하기 때문이다. 어쩌면 바울은 회심하기 전에도 말과 행위만이 아니라 마음의 생각으로도 계명을 지켜야 한다고 생각하지 않았을까? 그런데 오히려 그런 깨달음이 하나님의 가시채를 뒷발질하는 결과를 낳았던 것은 아닐까?

물론 성령께서 바울을 향한 하나님의 계획이 그가 그토록 열심히 추구했던 것과는 다르다는 점을 깨닫게 하심으로써 그를 이방인의 사도로 부르실 준비를 하셨을 수도 있다. 바울은 유대교의 학자이자 엄격한 바리새인이요 히브리인 중의 히브리인으로서(갈 1:14; 행 26:5; 빌 3:5 참고), 가말리엘의 문하에서 율법을 배웠다(행 22:3 참고). 그는 다소 출신이고 로마의 시민이었으며, 헬라 문화와 막강한 로마제국의 사상을 깊이 이해하고 있었다. 어쩌면 그는 이스라엘이 가지고 있는 살아 계신 하나님에 대한 지식이 세상의 모든 민족에게 전파되기를 바랐던 선지자들의 소망을 떠올리면서, 유대교의 배타적 태도가 과연 옳은 것인지 궁금해했을지도 모른다. 이런 생각이 공허한 사변일 수도 있겠지만, 바울이 성경의 기대와 예언을 이룰 만한 또 다른 방법을 고민했을 수도 있다. 그는 그런 이상을 이루는 길이 율법과 성전을 초월하는 영적 실재, 곧 예수님의 제자들이 바라보고 스데반이 전했던 실재에 있을 수도 있다고 생각했을지 모른다.

이런 사변을 좀 더 확대해 보자. 가말리엘의 경고(행 5:34-39 참고)나 예수님의 공생애에 관한 약간의 지식(고후 5:16 참고)이 바울의 마음에 여러 가지 의문을 불러일으켰을 수도 있다. 그 내용을 세세하게 알 수는 없지만, 하나님의 선택(행 9:15; 갈 1:15 참고)과 성령의 역사가 바울의 상황과 마음과 양심에 분명히 영향을 미쳤을 것이다. 아울러 그런 요인들은 구약성경의 진리로 양육을 받으면서 그 빛에 늘 노출되어 왔던 바울의 생각에도 영향을 미쳤을 것이다. 그러다가 때가 되자 바울은 가시채를 뒷발질하는 것을 멈추고 영광의 주님께 복종했다.

### 바울의 회심이 표준으로서 적용될 만한가?

이번에는 바울의 회심 가운데 표준적인 측면이 무엇인지를 생각해 보

자. 바울의 경험 가운데 어떤 측면을 모든 기독교인의 회심에 적용할 수 있을까? 우선 다음의 세 가지 측면은 분명하게 제외된다. 첫째, 우리는 유대인으로서 그리스도께로 나가지 않는다. 우리는 이방인에게 복음을 전하기 위해 부르심을 받은 바울과는 다르다. 둘째, 우리는 바울처럼 사도로서의 소명을 받지 않았다. 우리는 사도직에 필요한 자격 조건을 충족시킬 수 없다. 사도직은 신약성경의 마지막 사도가 세상을 떠나는 순간 모두 종결되었다. 따라서 바울의 회심과 그의 사도적 소명의 관계는 우리에게 모범이 될 수 없다. 셋째, 참된 회심을 위해 그리스도께서 귀로 듣고 눈으로 볼 수 있는 형태로 우리에게 나타나실 필요가 없다. 바울이 전한 복음을 통해 삶이 변화된 많은 사람들이 이 사실을 분명하게 증명한다.

그렇다면 다메섹 도상에서 그리스도를 목격한 바울의 경험은 우리와 무슨 관계가 있을까? 그것이 우리에게 적용할 만한 표준이 될 수 있을까? 바울의 글을 읽어 보면, 그의 회심이 신학적으로는 표준이 되지만 경험적으로는 그렇지 않다는 것을 알 수 있다. 바울은 갈라디아서 1장과 빌립보서 3장에서 자신에게서 일어난 변화를 전하면서, 눈을 멀게 한 빛이나 황홀한 경험을 언급하지 않는다. 그런 극적인 만남과 사건은 그리 중요하지 않다. 중요한 것은 바울의 삶에서 일어난 변화와 그에 대한 신학적인 해석이다.

바울의 회심에서 표준으로 삼을 만한 측면은, 현대 신학이 말하는 그리스도(역사적 예수와는 다른 그리스도)나 기독교 이외의 종교가 말하는 구원자가 아니라 그가 목격한 그리스도께 복종했다는 것이다. 우리는 성경에 계시된 그리스도, 곧 인성과 신성을 지니신 그리스도께 복종한다. 우리는 그분의 삶과 죽음과 부활에서 하나님이 계시하신 독특한 구원을 발견한다.

하나님께서 그리스도 안에서 자신을 드러내신 것은 참으로 큰 은혜이다. 왜냐하면 은혜를 바랄 수 없는 자들, 곧 반역하고 불순종한 자들에게 자신을 드러내시기 때문이다. 하나님은 우리를 대신해 죽으신 그리스도를 통해 우리에게 용서를 베푸신다. 바울이 깨달은 바와 같이, 복음은 우리 자신의 노력이 아니라 하나님이 그리스도 안에서 행하신 사역에 관한 소식이다. 율법 안에서든 밖에서든 인간의 힘으로는 아무리 하나님께 다가가려고 애써도 그분께 인정받을 수 없다. 인간의 노력으로 하나님께 인정받을 수 있다면, 그리스도께서 죽으실 필요도 없었을 것이다.

우리는 오직 그리스도를 통해, 죄와 영적 사망을 가져다준 옛 길을 버리고 의와 영생이 있는 새로운 길을 걸어갈 수 있다. 그리스도 안에 있으면, 그분의 진리와 순결하심과 사랑이 넘치는 삶을 살아갈 수 있다. 물론 그런 삶에는 고난과 배척도 뒤따르기 마련이다. 또한 그리스도 안에 있으면, 그분의 백성들과 하나가 되어 그들과 더불어 복음을 온 세상에 전함으로써 그리스도를 섬기는 삶을 살아갈 수 있다.

이것이 바울의 회심에서 발견할 수 있는 표준적인 측면들이다. 이런 점에서 바울의 회심은 하나님의 은혜가 죄인에게 어떻게 주어지는지를 보여 주는 뛰어난 본보기라고 할 수 있다(딤전 1:15,16 참고).

## 어린아이의 회심

어떤 사람들은 바울의 회심과 어린아이의 회심을 비교하는 것이 과연 적절하고 타당한지 의아해할지도 모른다. 무슨 근거로 어린아이를 내부자의 범주에 포함시키는 것일까? 언뜻 생각하면, 이런 비교 자체가 잘못된 것처럼 보인다. 일부 복음전도자들은 바울의 회심이 표준적인 것이 아닌데도 마치 그런 것인 양 말한다. 그들은 그 사건의 갑작스럽고도 극적인 측면만을 강조한다. 개중에는 그런 특성을 '참된' 회심의 표징으로 여기는 사람들도 있다. 복음전도자들은 종종 어린아이의 극적인 '결신'을 목표로 그들에게 복음을 전한다.

그러나 기독교인 부모를 둔 자녀들은 많은 경우 하나님께 반항했던 삶에서 돌이켜 회심한 시점을 정확히 기억하지 못한다. 기독교 가정에서 자란 어린아이가 불신앙을 뉘우치고 신앙을 가지게 된 시점을 정확하게 기억하는 것은 쉬운 일이 아니다. 뿐만 아니라 기독교 가정에서 자라지 않은 어린아이들도 바울처럼 갑작스럽고도 돌발적인 회심을 경험하기보다는, 자신도 모르는 사이에 그리스도를 영접하는 단계로 나아가는 경우가 비일비재하다. 이런 사실을 염두에 두지 않으면, 복음전도자와 어린아이 모두가 회심에 대해 잘못된 판단 기준을 적용할 가능성이 매우 높다. 그리하여 갑작스럽고도 극적인 시점을 찾다가 그것을 기억해 내지 못하면 참된 회심이 이루어지지 않았다고 결론짓기가 쉽다. 어린아이들을 상대로 사역하는 사람들은, 여러 차례 그리스도를 믿는다고 고백하면서도 여전히 하나님과의 관계에 대해 의구심을 품는 아이들을 종종 발견하곤 한다.

기독교 신앙의 핵심은 복음에 대한 이해와 믿음을 토대로 하여 예수 그리스도를 통해 하나님과 관계를 맺는 것이다. 그동안 이 주제에 대해 상당한 논의가 진행되어 왔다. 그렇다면 어린아이가 회심하기 전에 무엇을, 얼마나 많이 알 수 있을까? 로널드 골드만(Ronald Goldman)은 『유년기에서 사춘기에 이르는 종교적 사고』(Religious Thinking from Childhood to Adolescence, 1964)라는 책에서 어린아이들에게 복음을 전할 때 기억해야 할 사항들을 제시한다. 어떤 사람들은 어린아이들에게 복음을 전하면서 아직 너무 어린 아이에게 너무 많은 성경 지식을 주입하려고 애쓴다(그 시기의 아이들에게는 그런 지식을 소화할 능력이 부족하다). 아직까지 어린아이의 사고 과정에 대해서는 확실한 합의가 이루어지지 않았다. 피아제(Piaget)의 인지발달이론 가운데 많은 내용들도 여전히 논란의 도마에 올라 있다.

비기독교 가정에서 성장한 어린아이들을 비롯해 많은 아이들에게 가장 먼저 가르쳐야 할 것은, 하나님과의 관계이다. 어떤 아이들의 경우에는 이론적으로 알고 있는 것을 관계 속에서 직접 경험하는 일이 필요하기도 하다. 어린아이들도 믿음을 가질 수는 있지만, 인생의 새로운 단계에 발을 내딛고 인격이 발달하는 동안 진리를 이해하고 믿는 수준도 함께 성장해야 한다. 기독교 가정에서 자랐든 비기독교 가정에서 자랐든 간에, 어린아이들은 일반적으로 그리스도의 왕국에 온전히 들어갈 때까지 결단하는 과정을 여러 차례 거치면서 성장한다. 그러면서 기독교의 가르침을 받아들이고, 자신의 부패한 본성을 의식하며, 하나님과 올바른 관계를 맺고 싶어하는 단계를 밟게 된다. 그래서 어린아이들은 종종 외부자보다는 내부자와 비슷하게 그리스도를 향해 나아가곤 한다(비기독교 가정에서 자란 어린아이들도 마찬가지이다).

오직 하나님만이 사람이 회심한 시점을 정확히 알고 계신다(어린아이의 경우도 예외가 아니다). 그러하기에 복음전도자의 책임은 자신이 기대하는 반응을 요구하거나 만들어 내는 것이 아니라, 어린아이가 그리스도를 믿고 그분의 죽으심과 부활의 은혜를 받아 누릴 때까지 계속해서 복음을 가르치는 것이다.

바울과 어린아이의 회심을 비교하는 것은 다메섹 도상에서 이루어진 사건의 경험적 측면과는 전혀 상관이 없다(바울도 자신의 경험을 표준으로 제시하지 않는다). 그렇다면 바울과 어린아이의 회심은 어떤 측면에서 관련이 있을까?

첫째, 어린아이도 바울과 마찬가지로 그리스도의 공로를 근거로 죄 사함을 받아야 할 죄인이다. 그리스도께 복종하는 순간, 성령께서 죄인이 새롭게 태어나는 초자연적인 역사를 이루신다. 죄인이 그리스도의 가르침을 받아들이고 그분을 섬길 수 있도록, 성령께서 그의 마음을 돌이키신다.

둘째, 어린아이는 아직 미숙하고 성장하는 중이므로, 외부자에 속하는 성인들처럼 갑작스럽게 세계관이 변하기보다는 서서히 변하는 과정을 거쳐 그리스도께로 나아간다. 그러므로 복음전도자들은 어린아이들의 세계(미숙하지만 죄가 없는 것은 아닌 세계)에 발을 들여놓을 때매우 신중해야 한다. 오늘날에는 어린아이들이 폭력이나 야만적인 행위, 학대 등에 노출되는 시기가 갈수록 빨라지고, 어린 시절이 점점 사라져 가고 있다. 경쟁을 자극하고 풍요를 추구하는 경험이 앞당겨지고, 그런 성향이 매우 이른 시기부터 싹트기 시작한다. 전쟁과 재난이 그들의 세계관에 영향을 미친다. 따라서 어린아이들을 이끌어 그리스도와 관계를 맺게 하려면, 예민한 감수성과 공감의 태도가 필요하다.

어린아이들에게 복음을 전하는 일이 실패하거나 그것을 무시하는 태도가 당장에는 큰일이 아닌 듯 보일 수도 있다. 그러나 그로 인한 파장은 시간이 흐를수록 더욱 커진다. 오늘의 어린아이들이 곧 내일의 세상이다. 그들은 장차 민족과 공동체의 지도자, 미래의 철학자, 시인, 신학자, 과학자, 의사, 정치인, 설교자, 상담사가 될 것이며, 더욱이 자녀들의 기본적인 가치관을 형성할 부모가 될 것이다. 그러하기에 어린 시절에 그리스도를 영접하는 것은 가정과 세상에 엄청난 영향을 미칠 수 있다. 우리는 기독교의 회심과 연관된 가치관과 세계관을 심어 줌으로써 내일의 세계를 이끌어 나갈 아이들의 미래를 혁신해야 한다.

지금까지 기독교에서 가장 유명한 회심으로 손꼽히는 바울의 회심에 대해 조금 상세히, 그리고 어린아이의 회심에 대해 비교적 간단히 살펴보았다. 이 두 가지 주제를 한 장에서 다루는 것은 자칫 의도와는 전혀 다른 결과를 가져올 수도 있다. 다시 말해, 바울의 회심에서 나타나는 갑작스럽고도 극적인 특성을 어린아이의 회심에 대한 본보기로 제시하는 듯한 인상을 심어 줄 수도 있다. 사실 복음전도자들은 종종 그런 일을 추구하며 노력하곤 한다. 그러나 이번 장의 목적은 그런 잘못을 바로잡는 것이다. 물론 바울처럼 고통스러운 기로에서 극적인 회심을 경험하는 사람들도 없지는 않다. 그러나 바울은 극적이고도 돌발적인 자신의 회심을 어린아이들은 물론 그 어떤 사람에 대해서도 표준으로 제시하지 않는다. 바울이 자신의 회심을 증언한 목적은 심리적인 것이 아니라 신학적인 측면을 전하기 위함이다.

그러므로 바울과 어린아이의 회심을 비교하는 것 역시 신학적인 의미를 지닌다. 구체적으로 말하자면, 어린아이의 회심도 내부자의 회심으로서의 성격을 띤다. 물론 바울을 내부자로 분류하는 것과 어린아이를 내부자로 분류하는 근거는 서로 다르다. 바울의 회심에는 그가 이미 가지고 있던 지식(구약성경에 대한 해박함, 유대교에서 받은 훈련, 복음과 관련된 지식을 수용하려는 열성)이 큰 영향을 미쳤다. 그는 이미 유일하신 하나님을 믿었고, 성경의 계시를 받아들였으며, 죄에 대한 성경의 가르침을 이해했고, 하나님의 심판을 믿었으며, 메시아를 기대했다. 이런 요소들이 복음을 받아들이는 데 적지 않은 영향을 미쳤다.

한편, 어린아이들이 그리스도를 영접하는 방식이 내부자의 경우와 비슷한 것은, 그들에게 신앙의 지식이 있기 때문이 아니라 복음을 받아들이기까지 일련의 준비 과정을 거치기 때문이다. 어린아이들은 점진적인 단계를 거쳐 구원 얻는 신앙에 도달한다. 그들은 성경에 대한 지식이 자라고 자신이 죄인이라는 의식이 성장하면서 그리스도를 향해 한 걸음씩 나아가게 된다. 그러므로 즉각적인 회심을 기대하려는 유혹을 떨쳐 버리고, 그런 준비 과정을 인내하며 이끌어 나가려고 노력하는 것이 매우 중요하다. 어린아이들은 부모와 어른들을 기쁘게 하려는 성향을 가지고 있다. 그래서 교사나 복음전도자들이 그들을 적당히 구슬려 결신으로 이끌기는 그리 어렵지 않다. 그러나 그런 일은 아무리 선한 의도에서 나온 것이라고 하더라도 최선이 아니며, 바람직한 결과를 낳을 수도 없다. 오히려 그런 식으로 접근한다면, 훗날 환멸을 느끼며 원망을 토로하는 빌미가 될 잘못된 경험으로 이끌 가능성이 매우 높다.

복음을 문맥 속에서, 즉 성경의 틀 안에서 파악하는 것이 중요하다. 복음은 하나님의 거룩하심과 사랑에서 비롯된다. 그러므로 단순히 결신을 유도하는 데 초점을 맞추기보다는 하나님 앞에서 반역을 일삼는 죄인으로서 인간이 처한 비참함을 일깨워 주는 데 초점을 맞춰야 한다. 이런 과정들을 잃어버린 복음은 성인이든 어린아이든 그 누구에게도 구원의 능력을 발휘할 수 없다. 그런 복음은 단지 경쟁 상품들로 가득한 이 세상에 또 다른 상품을 보태는 것밖에 되지 않는다. 어린아이들은 올바른 구원의 문제들을 이해할 수 있고, 또한 이해해야 마땅하다. 회심이라는 '결과'에만 집착한 나머지 그 과정을 축소시키는 것이 아니라, 그런 일련의 과정들이 일어날 수 있는 시간을 주는 것이 지혜롭다.

CHAPTER 3

# 어떻게, 왜 돌이켜야 하는가

여러 접시의 음식을 비우고 음료수를 마시는 것이 '먹다'라는 한 가지 행위로 간주되듯이, 회심도 '돌이키다'라는 한 가지 행동으로 간주될 수 있다. 단순하고도 순간적이며 극적인 사건을 모든 것을 아우르는 회심의 표준 형태로 받아들이도록 유도하는 가르침이 복음전도 안에 널리 퍼져 있다. 그러나 회심, 곧 하나님께로 돌이키는 행위를 정확히 이해하기 위해서는 그것을 복합적인 과정으로 인식해야 한다. 훗날 '내가 처음 믿었던 순간'을 기억할 수 있을 만큼 확실한 사건이 있었든 없었든 상관없이, 회심의 과정에는 끊임없이 생각하고 의심하며 의심을 극복하고, 영혼을 성찰하며 자신을 꾸짖고 죄책감과 수치심과 싸우며, 그리스도를 따른다는 것이 무슨 의미인지를 고민하는 일들이 포함되기 마련이다.

물론 내부자의 회심이든 외부자의 회심이든 이따금 극적인 사건을 경험할 때도 있다. 예를 들어, 아우구스티누스(Augustinus)는 "집어서 읽으라"라는 어린아이의 음성을 듣고서 성경을 펼쳐 로마서 13장 13절을 읽었고, 그 후로 완전히 변화되었다. 그러나 부흥 전도 집회에 참석한 사람들 중에도 한순간의 중대한 사건을 통해 회심의 정점에 이르는 경우는 그다지 많지 않다. 회심을 주관하시는 분은 하나님이다. 그분이 우리를 다루실 때 겪게 되는 경험은 사람마다 다르다.

부흥 전도 집회에서 이루어지는 결신 사례 중에는 이러한 영혼의 산고를 전혀 겪지 않은 경우도 많다. 잘 아는 대로, 그런 결신은 대부분 공허한 말에 지나지 않는 것으로 드러날 때가 많다. 복음전도자와 목회자들은 부흥 전도 집회에서 죄를 고백하고 회심한 사람들 가운데 1년 이상 믿음을 유지하는 사람이 10%만 되어도 큰 성공을 거둔 것으로 여기면서 자축한다. 언론 매체를 통해 너무나 쉽게 승리를 선언하는 바람에, 그 이면에 존재하는 많은 영적 절망과 혼란들은 있는 듯 없는 듯 파묻히고 만다. 그리스도를 믿기로 '결심했지만,' 뒤늦게 자신의 결심이 알맹이 없는 공허한 고백일 뿐이었다는 사실을 깨닫는 사람들이 너무나 많다. 그들은 어떻게 해야 할까? 그런 결과에 대한 책임은 누구에게 있을까? 믿으리라 결심한 사람일까, 아니면 그렇게 결심하도록 유도한 사람일까?

우리가 바라거나 생각하는 바가 무엇이든 간에 '그리스도를 향한 결심'은 확실히 매우 복합적인 특성을 띠고 있다. 그러므로 먼저 회심의 객관적인 측면과 주관적인 측면을 구별하는 데서부터 시작하는 것이 좋을 듯하다. 회심의 객관적인 수단은 복음의 가르침이다. 성령은 우리의 마음을 새롭게 하심으로써 영혼의 눈으로 복음을 보게 하신다.

"믿음은 들음에서 나며 들음은 그리스도의 말씀으로 말미암았느니라"(롬 10:17).

"(그가) 자기의 뜻을 따라 진리의 말씀으로 우리를 낳으셨느니라"(약 1:18).

"주 예수를 믿으라. 그리하면 너와 네 집이 구원을 받으리라"(행 16:31).

복음의 가르침은 이중적이다. 즉, 율법과 약속, 율법과 사랑, 율법과 은혜이다. '율법'은 하나님의 요구이다. 우리는 율법의 요구를 충족시키지 못했고, 하나님은 심판을 선언하셨다. 그래서 죄인은 하나님과의 관계를 회복해야 한다. 그 관계가 회복되지 않으면, 우리는 비참한 상태에 머무를 수밖에 없다. 한편, '약속, 사랑, 은혜'는 그리스도를 십자가에 못 박혔다가 다시 살아나신 주권자이자 용서와 사랑을 베푸시는 구원자로 선언한다. 그분은 자신을 통해 하나님께로 나아가라고 죄인들을 초청하시고, 영원 전부터 그리스도로 말미암아 우리에게 구원을 베푸시리라 계획하고 약속하신 하나님의 뜻 안에 있는 모든 것에 집중하게 하신다.

복음의 가르침, 곧 하나님의 말씀은 기독교 공동체 안에서 구현되고 교육되며 전파될 뿐 아니라, 성례를 통해 가시화된다. 기독교 예배와 성도 간의 교제는 복음이 가르치는 진리의 실제를 깊이 생각하도록 도와준다. 성령은 그런 실제를 깨닫도록 역사하신다. 설교자나 교사나 복음 전도자는 듣는 사람과 공감함으로써 복음을 전하고 적용할 수 있도록 기회를 마련하고, 성령은 그런 기회를 통해 개인이 자신의 부족함과 은혜의 필요성을 깨닫도록 이끄신다. 마찬가지로 부모가 자녀에게 복음의 진리를 가르칠 때도 공감이 필요하다. 공감하는 태도를 바탕으로 이루어지는 영적 의사소통은 하나님의 선물이다. 우리는 하나님께 그런 선물을 구해야 한다. 바울처럼 사람들을 구원으로 이끌기 위해 여러 사람에게 여러 모습으로 나타날 수 있는 능력을 갖추어야 한다(고전 9:19-22 참고). 복음을 전할 때 우리는 항상 계시된 말씀과 그 권위에 복종하는 태도를 가져야 한다. 이 모든 것이 죄인에게 객관적이고도 외적인 수단, 곧 하나님이 구원의 목적을 이루기 위해 사용하시는 수단이다.

한편 회심의 주관적인 수단이란 죄인이 내적 부르심을 받아 회개하고 믿으며 그리스도 안에 약속된 용서를 받아들이는 것을 가리킨다. 즉, 하나님이 한 사람 안에서 역사하심으로써 불신앙의 족쇄를 깨뜨리고, 생각을 미혹하는 수많은 유혹을 물리치며, 자기를 과시하려는 본성을 극복하고 자기를 부인하여 보이지 않는 영원한 현실에 초점을 맞추게 되는 것을 가리킨다. 요컨대 불신자에서 신자로 바뀌는 모든 과정이 여기에 포함된다.

지금까지 살펴본 바와 같이, 복음적인 믿음이란 그리스도와 그분을 통해 하나님이 주신 은혜의 약속을 깨달아 그리스도를 받아들이고 신뢰하는 것을 뜻한다. 또한 복음적인 회심이란 죄에서 돌이켜 그리스도를 따라 의의 길을 걷는 새로운 삶으로 나아가는 것을 의미한다. 회심한 사람은 죄를 파괴적인 것으로 인식하고, 그리스도를 유일한 생명의 소망으로 받아들인다. 그리고 그가 복음의 진리를 깨달아 믿음으로 받아들이고 그것이 자신에게 적용되었다는 사실을 인식할 때, 회개와 믿음에 도달할 수 있다.

이와 같이 그리스도를 영접하는 문제는 자연스럽게 그와 관련된 세 가지 질문으로 이어진다. 첫째, 어떤 사람들이 다른 사람들에 비해 회심에 더 민감하게 반응하는가? 둘째, 구원을 받으려면 얼마나 많은 지식이 필요한가? 셋째, 회심하려면 어떤 마음의 동기와 준비가 필요한가?

## 회심할 가능성이 높은 사람은 누구인가?

기독교 신앙을 비판하는 사람들은 종종 특정한 '유형'의 사람들만 신자가 될 수 있다고 주장하면서 그 진리를 왜곡하곤 한다. 그 바람에 기독교 신앙의 진리가 단지 개인적인 필요의 발현인 양 축소되고 만다. 그들은 믿음을 가지는 것이 외적인 것이 아니라 내적 특성만을 띤다고 주장한다. 회심이 신학적인 차원이 아니라 심리적인 차원의 일이며, 공적인 진리가 아니라 개인적인 취향의 결과라고 주장하는 것이다. 그러나 그런 주장은 믿음을 갖게 되는 데 정해진 틀이 존재하지 않는다는 사실을 간과한다. 신자가 되리라 예측되는 사람은 아무도 없다. 오히려 놀랍게도 교회 안에는 사회적, 경제적, 심리적인 다양성이 존재한다. 사람들이 구원 신앙을 가지게 되는 것은 진리에 대한 본성적인 성향과는 아무 상관이 없다. 왜냐하면 자신의 힘으로는 결코 하나님 나라에 들어갈 수 없는 다양한 부류의 사람들에게 하나님이 먼저 은혜를 베풀어 그들을 자신의 왕국으로 이끄시기 때문이다. 어떤 사람의 인격적인 기질이나 심리적 욕구나 경제적인 상황을 근거로 그가 신자가 되리라고 예측할 수는 없다. 마찬가지로 기질이나 삶의 경험이 하나님의 은혜가 영광스럽게 임하는 것을 가로막을 수도 없다.

사도행전을 생각해 보라. 사도행전 8-16장을 보면, 다양한 배경을 가진 사람들이 다양한 상황에서 그리스도를 믿어 결국 공통된 믿음에 이른 것을 볼 수 있다.

예를 들어, 8장에 기록된 에디오피아의 내시가 회심한 사건을 보라. 그는 지위가 높은 사람이었고(행 8:27 참고), 예배하려고 예루살렘을 방문했으며, 유대인의 성경을 읽었다(행 8:28 참고). 그가 빌립과 나눈 대화를 보면, 그가 새로운 믿음에 대해 얼마나 간절히 알고 싶어했는지가 드러난다(행 8:31,34 참고). 그는 히브리인들의 하나님에 관해 이미 상당히 알고 있었으며, 더 많이 알고자 하는 욕구가 강했고, 모든 것을 확실히 깨닫게 되면 즉시 마음을 정할 준비를 하고 있었다.

그다음 장에는 앞에서 살펴보았던 다소의 사울(바울)의 유명한 회심 사건이 기록되어 있다. 그는 유대교와 유대인의 성경에 정통했다(행 9:1,2 참고). 그는 초기 기독교인들의 믿음을 잘 아는 내부자였다. 또한 그는 스데반의 순교에 적지 않은 영향을 받은 듯 보인다(행 7:60-8:1 참고). 성령께서는 그 사건과 하나님에 대해 사울이 가진 사전 지식을 사용해 그를 깨우쳐 회심에 이르게 하셨다.

10장에는 한 군인이 등장한다. 오늘날로 보자면, 그는 군대 지휘관과 같은 사람이다. 그와 그의 가족이 하나님을 경배했다는 사실로 짐작컨대, 그는 매우 경건한 사람이었던 것이 분명하다. 그는 진리를 더 많이 알고 싶어했고, 베드로에게서 배울 수 있는 기회가 주어지자 기꺼이 그 기회를 붙잡았다.

사도행전을 조금 더 읽어 내려가면, 하나님을 섬기는 한 여인의 이야기가 나온다(행 16:14,15 참고). 그녀는 친구들과 모여 신앙에 관해 대화하곤 했다. 그러던 어느 날 바울이 그들의 모임에 참석하게 되었고, 그녀는 기독교의 자세한 가르침을 깨닫자마자 곧바로 기독교를 받아들였다.

한편, 같은 장에 기록되어 있는 빌립보 간수의 회심에서는 극적인 긴장감이 감도는 상황이 벌어진다. 그 간수가 어떤 사람인지는 거의 아무것도 알 수 없다. 그가 복음에 관해 많은 지식을 가지고 있었으리라 짐작할 만한 특별한 근거도 없다. 그저 한밤중에 지진이 일어났고, 그는 죄수들이 탈옥했을 것이라 생각하고는 스스로 목숨을 끊으려고 했다. 그때 바울이 그에게 복음을 전했다. 그러자 간수는 즉시 기독교 신앙을 받아들였다(행 16:34 참고).

이 다섯 가지 사건은 기독교의 회심을 둘러싼 다양한 배경과 상황을 여실히 보여 준다. 각각의 사건에서는 폭넓고도 다채로운 심리적 과정과 현상이 펼쳐진다. 그러나 결과는 모두 동일하다. 모두가 하나님과 그리스도를 믿는 것으로 끝을 맺는다. 회심의 심리적 측면에만 초점을 맞춘다면, 가장 중요한 측면(감정을 자극하는 데 그치지 않고 청중의 생각을 사로잡는 진리)을 간과하기가 쉽다.

회심을 둘러싼 상황과 배경이 다양하다는 점은 비단 성경뿐만 아니라 심리학자들의 연구에서도 똑같이 확인된다. 지난 세기 동안 여러 학자들이 회심자의 전형적인 유형을 파악하기 위해 부단히 노력했다. 그러나 종교적인 신념과 그에 상응하는 인격적 특성 사이의 관계를 밝히려는 연구는 모두 실패로 끝났다. 예를 들어, 브라운(L. B. Brown)은 1962년에 200명의 대학생을 대상으로 종교적 신념과 신경증의 표준적 징후의 상호 관계를 규명하고자 했다. 그러나 그 연관성은 고작 3%에 그쳤고, 종교적 신념과 외향성의 관련성 역시 7%에 불과했다. 그보다 좀 더 일찍 이루어진 연구에는 900명의 학생이 참여했지만, 인격적인 기질과 종교적 신앙을 가지는 것 사이에는 구체적인 연관성이 없는 것으로 드러났다.

이러한 연구 결과는 종교성과 인격적인 기질 사이에 연관성이 매우 희박하다는 사실을 분명하게 보여 준다. 그런데도 종교성과 특별한 인격적인 측면 사이에 연관성이 존재하는지에 대한 의문이 여전히 제기되고 있다. 과연 "종교적 성향을 지닌 사람의 전형"이라고 말할 수 있을 만큼 확실한 심리적 증거가 있을까? 지금까지 많은 연구가 활발하게 진행되어 왔지만, 모두가 이렇다 할 만한 증거를 내놓지는 못했다.

한편, 종교적인 기질의 특정한 측면과 연관시킬 수 있는 특별한 인격적 기질을 식별하려는 노력은 그보다 조금 더 결실이 있는 듯하다. 종교적 회심을 다룬 책들에서 이와 관련된 내용을 찾아보면, 심리학자들은 그러한 성향을 띠는 요인으로 '피암시성(suggestibility)'[1]의 중요성을 강조한다. 이것은 갑작스러운 회심을 다룰 때 특히 더 중요한 요소로 나타난다. 오래전에 실시된 한 연구는, 보수적인 종교 성향을 지니고 있는 사람들이 갑작스럽게 회심할 경우에는 다른 사람들에 비해 최면적 암시에 걸리기 쉬운 특성을 드러낸다고 주장했다. 그러나 이런 주장은 '암시'라는 단어의 의미를 정확히 정의할 때 제기되는 여러 가지 문제들을 무시한 채, 그 단어를 모호하게 적용한다는 약점을 가지고 있다. 종교심리에 관해 가장 최근에 나온 책들은, 아이젱크(Eysenck)가 "일차적 피암시성"이라고 일컬은 성향이 좀 더 종교적인 사람들에게서 비교적 더 많이 발견된다는 데 동의한다. 이 책들에서는 그런 경향이 부흥 운동이나 전도 사역에 참여하는 사람들에게서 더 분명하게 드러난다고 주장한다. 보고에 따르면, 실제로 과거의 부흥 집회에서는 급격하게 몸을 움직이거나 경련을 일으키다가 바닥에 쓰러지는 등의 육체적인 현상이 동반되는 경우가 많았던 것으로 나타난다.

"이차적인 피암시성," 즉 사람들이 자신에게 암시된 것을 기억할 가능성에 대해서는 병원에서 행해지는 위약(僞藥) 효과에 관한 연구에서 간접적인 증거를 발견할 수 있다. 한 연구에 따르면, 위약이 고통을 완화시켰다고 말하는 사람들이 다른 사람들에 비해 교회에 더 잘 출석할 뿐 아니라, 교회의 기둥이라고 불릴 정도로 열심히 신앙생활을 하는 경우

---

[1] 역자주 - 피암시성이란 외부에서 영향을 받아 다른 사람에게서 온 의식내용을 현실적 검토 없이 받아들이는 특성을 가리킨다.

가 많은 것으로 드러났다. 그로부터 10년 뒤에 행해진 비슷한 연구에서는, 위약과 고통 완화와 종교성의 상관관계가 53%에 달한다는 결과가 나왔다.

세 번째 형태인 "사회적 피암시성"은 말하는 사람의 권위와 관련이 있으며, 종교적인 사람들에게서 더 강하게 작용한다고 한다.

그러나 서로 다른 인격적 특성이 회심의 본질에 영향을 미친다면, 회심할 당시의 나이나 그 사람이 속한 교파 등의 요인들도 틀림없이 중요한 변수로 작용할 것이다. 다양한 연령대의 사람들이 가진 종교적 신념과 헌신의 정도를 광범위하게 조사한 결과, 유아기, 소아기, 청소년기, 청년기, 중년기, 노년기에 따라 그 정도가 다른 것으로 나타났다. 만일 이런 조사 결과가 맞다면, 회심자의 나이가 회심에 영향을 미칠 수 있다는 것이 된다. 또한 어떤 교파에 속하느냐 하는 것도 회심의 경험이나 그 회심을 보고하고 평가하는 방식에 영향을 미칠 수 있을 것이다. 사실 종교적 회심이 일어나는 방식과 그것을 보고하는 방식은 교파에 따라 매우 다르다. 이런 사실을 확인하기 위해 굳이 세밀한 심리학적 연구까지 동원할 필요가 없다. 다양한 교파와 문화 속에서 이루어지는 회심의 증언에 귀를 기울이기만 해도 그 점을 충분히 알 수 있다.

특정한 시점에 이루어지는 종교적 회심과 같은 행동을 심리학적으로 설명하는 데 최종적 권위를 부여하려는 유혹은 늘 존재한다. 그런 유혹에 빠져 자신의 심리학적 이해를 궁극적인 권위로 삼는 잘못을 피하려면, 지난 수세기 동안 매번 회심을 설명하는 방법이 달라졌다는 사실을 기억해야 한다.

20세기 초에 윌리엄 제임스(William James)는 『다양한 종교 경험』(The Varieties of Religious Experience)이라는 고전을 저술하여 큰 영향력을 남겼다. 그중 하나가 종교인들을 '건전한 생각을 지닌' 사람들과 '병적인 생각을 지닌' 사람들로 분류한 것이다. 그는 그런 차이가 유혹과 기질이라는 요인과 관련된다고 생각했다. 그는 회심을 사춘기적 발달 과정의 지극히 정상적인 단계, 곧 자아를 통합하는 잠재의식적인 성장 징후로 파악했다. 프랫(J. B. Pratt)은 『종교적 의식』(The Religious Consciousness, 1924)에서 종교가 원시적 단계에서 지성적, 감정적 단계로 발전하면서 드러난 일련의 증거가 모든 종교에서 공통적으로 발견된다고 주장했다. 한편 그와 동시대인이었던 제임스 류바(J. H. Leuba)는 『종교심리학』(The Psychological Study of Religion, 1912)에서 종교에 관해 훨씬 비평적인 입장을 취했다. 그는 종교를 순전히 자연주의적인 관점에서 다루었고, 일반 심리학의 기본 원리들만으로도 종교적인 삶을 온전히 설명할 수 있다고 주장했다. 같은 시기에 툴레스(R. H. Thouless)는 『종교심리학 입문』(Introduction to the Psychology of Religion)에서 제임스와 같은 노선을 걸었다. 특별히 그는 종교적 신앙을 가지게 만드는 요인들과 더불어 의식과 무의식이 서로 다른 역할을 한다는 점을 발견했다.

물론 가장 큰 파장을 일으킨 것은, 지그문트 프로이트(Sigmund Freud)의 연구 결과였다. 그는 종교에 관심을 기울여 『토템과 타부』(Totem and Taboo, 1913), 『모세와 일신론』(Moses and Monotheism, 1939), 『환상의 미래』(The Future of an Illusion, 1934) 등을 집필했다. 아울러 그는 『문명과 그 불만』(Civilization and Its Discontents, 1939)이라는 책에서도 종교에 관해 언급했다. 그는 종교를 '인류가 교육을 받아 세계에 대처하는 능력을 키우고 현실을 직시함으로써 극복해 나가야 할 과도기적 집단 노이로제'로 파악했다. 그리고 그런 확신을 바탕으로 과거의 종교적 행위가 어떻게 현실을 도피하는 수단으로 작용했는지를 설명하고자 했다. 카를 융(Carl Jung)도 똑같이 정신분석학을 연구했지만, 프로이트와는 사뭇 다른 노선을 걸었다. 그에게 종교는 신학적인 개념이 아니라 경험적인 문제였다.

스핑크스(G. S. Spinks)는 1963년에 프로이트와 융의 종교관을 서로 비교·대조하였다. 그러고는 프로이트는 '종교를 강박적 노이로제'로 파악하고, 융은 '종교의 부재'를 성인에게 심리적 장애를 일으키는 주된 요인으로 간주한다고 정리했다. 사람은 자신의 생각을 쉽게 바꾸지 못한다. 스핑크스의 결론은, 스스로 확신하는 심리적 관점이 회심을 비롯한 종교적 경험을 분석하고 해석하는 기준에뿐만 아니라 그것을 설명하는 내용에까지 철저하게 영향을 미친다는 점을 여실히 보여 준다.

고든 올포트(Gordon Allport)의 『개인과 종교』(The Individual and His Religion, 1950)는 프로이트와 융만큼 유명하지는 않지만 나름대로 정신분석학 분야에 크게 기여했다. 올포트는 프로이트와 융의 견해와는 달리, 종교적 신념이 형성되고 종교적 행위가 일어나는 과정을 풍부한 경험적 자료를 바탕으로 증명했다. 그러나 하버드(Harvard) 대학교의 심리학자인 스키너(B. F. Skinner)의 견해나 윌리엄 사전트(William Sargant)의 『생각을 위한 싸움』(Battle for the Mind)과 『사로잡힌 생각』(The Mind Possessed)처럼 좀 더 극단적인 견해가 대중에게 더 인기 있는 것은 당연한 듯하다.

사전트의 이론에서 가장 흥미로운 점은, 그가 세뇌에 관한 심리학적 연구를 종교적 회심과 연결하려고 시도했다는 점이다. 그는 대규모 부흥 집회에서 세뇌와 암시가 작용한다고 믿으며, 그런 효과적인 요인들 중 몇 가지를 찾아내려 했다. 복음전도자들은 이미 광고를 통해 상당한 명성과 대중성을 얻은 상태이다. 그들은 감정을 자극하는 찬송가를 반복해서 부르고, 밝은 조명과 대규모의 성가대와 강한 박자를 곁들인 자극적인 음악으로 집회의 분위기를 후끈 달궈 놓은 뒤에, 확신과 열정에 가득 찬 어조로 말씀을 전한다. 사전트는 그런 상황 가운데서 물리적, 심리적 스트레스를 기술적으로 적용해 감정과 행동의 극적인 변화를 이끌어 냄으로써 믿음을 갖게 만든다고 지적했다. 그는 세뇌 현상이 특히 미국 남부의 손으로 뱀을 다루는 종파[2]의 집회에서 분명하게 나타난다고 주장했다. 감정이 한껏 고조된 상태에서 피암시성의 효과가 극대화되면, 믿음을 전하고 헌신하라고 요구하는 일이 뒤따른다. 물론 이런 집회에서 이루어진 행위들을 생리학적 측면에서 설명한 사전트의 사변적 이론은 어느 정도 사실이다. 그러나 그의 이론은 그들이 도달한 믿음

---

[2] 역자주 – 마가복음 16장 17,18절을 근거로 하여 집회에서 직접 손으로 뱀을 다루었던 종파가 있었다.

의 진실성에 관해서는 제대로 설명하지 못한다.

지난 100년 동안 제시된 다양한 견해들을 간단하게 정리하면서 한 가지 흥미로운 사실을 발견하게 되었다. 심리학자들이 각자의 시대에 유행하던 특정한 심리학 이론에 집착한 탓에 제각기 다른 설명을 내놓았다는 점이다. 처음에는 프로이트와 융의 정신분석학 시대였고, 그 뒤에는 올포트를 비롯해 경험적 자료를 중시하는 심리학자들의 시대가 열렸다. 그 이후 1950년대 초에는 심리생리학적 설명이 유행하자 사전트가 그것을 적용했고, 스키너가 한창 활동하던 1950년대와 1960년대 초에는 행동심리학이 매우 유행했다. 그리고 요즘에는 종교적 신념과 행위를 인지학적 이론의 관점에서 설명하는 추세이다. 이러한 흐름이 브라운의 저서 『종교심리학의 발전』(Advances in the Psychology of Religion, 1985)에 잘 드러나 있다.

우리가 경험한 바에 따르면, 회심하리라 기대할 수 있는 특정 유형의 인간이 존재한다고 확신하기란 어렵다. 더욱이 심리학 이론은 그 자체로 매우 유동적이다. 인간의 유형을 심리학적으로 설명할 때는 매우 신중하고 조심해야 한다. 우리는 그저 사람들이 다양한 인격적 기질과 문화 안에서 얻는 경험을 통해 그리스도와 관계를 맺게 된다고 말할 수 있을 뿐이다. 이 사실을 축소하거나 곡해해서는 안 된다.

회심의 과정을 고정된 틀에 맞추어 획일화하는 것은 바람직하지 않다. 중대한 사건을 통해 이루어지는 회심, 곧 예배당이나 집회에서 갑작스레 일어나는 회심만이 그리스도를 믿어 구원에 이르는 과정을 보여 주는 유일한 기준이나 방식은 아니다. 그리스도께로 나아가는 통로는 매우 다양하다. 느릴 수도 있고 빠를 수도 있으며, 감정이 고조될 수도 있고 이성적 만족이 고조될 수도 있다. 그러나 모두가 동일한 은혜를 받아 똑같이 복종하며, 동일한 하나님의 가족이 되도록 이끈다.

아울러 그런 다양성을 잘못 해석해서도 안 된다. 접근 방법이 다양하다는 것은 복음이 다양하다는 말이 아니다. 그리스도께로 나아가는 길이 다양하다고 해서 다른 종교를 통해서도 그분께로 나아갈 수 있으리라 생각해서는 안 된다. 그리스도는 세속주의나 힌두교, 또는 정치적 행위 가운데는 숨어 계시지 않는다. 심지어 가장 훌륭한 대의를 따르는 경우에도 마찬가지이다. 하나님께로 나아가는 길은 절대 다양하지 않다. 인종이나 문화가 달라도, 오직 그리스도만이 유일한 길이시다. 주님도 한 분이요, 믿음도 하나이며, 하나님과 그분의 아들도 오직 한 분이시다. 십자가에서 악을 정복한 사역이나 그분이 이루신 속죄 사역도 오직 하나뿐이다. 우리는 오직 주님께로 나아간다. 모든 사람들이 동일한 복음을 통해 그분을 믿고 복종한다.

## 얼마나 많이 알아야 하는가?

회심하려면 얼마나 많이 알아야 할까? 이 질문에 대한 대답은 기능적 관점에서 찾아야 한다. 성령의 책망과 깨우치심을 통해 깨달음을 얻어야 한다. 그래야만 하나님과의 올바른 관계에서 비롯되는 새로운 삶의 필요성을 의식할 수 있다. 또한 그런 삶을 살아가기 위해 오직 예수 그리스도를 살아 계시는 주님이요 구원자로 받아들이고 그분의 긍휼과 인도하심을 온전히 의지해야만 한다는 확신에 이를 수 있다. 인격적인 관계에는 항상 말로는 표현할 수 없는 인식적 깨달음과, 다른 사람들이 말로 설명하는 것보다 더 많은 상황적 통찰력이 존재한다. 형식적 지식이 놀라울 정도로 적거나 매우 부족한데도 참된 믿음과 회심을 경험하는 사례가 비일비재하다(복음서의 기록은 매우 압축적이지만, 이러한 사실을 뒷받침하는 증거가 예수님의 사역에서 더러 발견된다. 눅 5:18-25, 7:37-50, 8:43-48, 17:12-19, 18:35-43, 19:1-10 참고). 충실한 설교자와 교사와 복음전도자들은 온전한 복음(창조, 죄, 하나님의 거룩하심과 사랑, 성육신, 속죄, 회개, 믿음, 그리스도 안에서의 새로운 삶, 교회)을 전하기 위해 온 힘을 쏟는다. 그들은 하나님께서 자신들이 전하는 진리에 복 주시기를 바란다. 회심이 이루어지려면 적당한 지식이 있어야 한다고 확신하면서도, 아울러 하나님이 자기들보다 한 걸음 앞서 아주 적은 지식에 복을 주셔서 참되고도 굳건한 믿음을 허락하실 수도 있다는 것을 믿는다.

우리는 이런 일반적인 확신을 사람들이 정보를 처리하는 과정(그들 자신과 그리스도에 관한 정보) 및 지식과 문화에 관한 이해와 연관 지어 파악해야 한다.

### 문화

문화란 사람들이 집단적으로 삶을 조직하고 해석하고 가치를 부여하는 것을 가리킨다. 부유한 서구 사회에서는 값비싼 자동차와 주택을 소유하거나 따뜻한 지역에서 겨울을 날 수 있는 여유가 특별한 의미를 함축한다. 이처럼 문화는 우리 모두가 직관적으로 이해하는 언어이다.

이러한 문화는 정보를 조직화하고 분석하는 방법에도 영향을 미친다. 예를 들어, 영어권 사람들은 무지개를 여섯 가지 색깔(빨간색, 주황색, 노란색, 녹색, 파란색, 보라색)로 나눈다(어떤 사람들은 여기에 남색을 더하기도 한다). 한편 텔루구(Telugu) 족은 무지개를 두 가지 색깔, 즉 뜨거운 색깔(빨간색, 주황색, 일부 노란색)과 차가운 색깔(일부 노란색, 녹색, 파란색, 보라색)로 나눈다. 그리고 형용사를 활용하여 더욱 섬세하게 구분하기도 한다.

세계와 그 경험을 이해하는 방식을 크게 세 가지 기본적인 사고방식으로 분류할 수 있다. 즉, 제한적 사고방식, 흐릿한 사고방식, 관계적 사고방식이다.

제한적 사고방식은 범주들을 서로 나누어 동일한 범주 안에 있는 것들을 묶는다. 서구인들은 대개 제한적 사고방식을 가지고 있다. 예를 들어, 그들은 사과라는 종류의 과일과 오렌지라는 종류의 과일을 분류한다. 그 둘은 서로 다르다. 이런 사고방식을 회심에 적용하면, 그리스도 안에 있는 상태와 그렇지 않은 상태의 차이를 구분하여, 교리적 구조(믿어야 할 원리)를 통해 그리스도 안에 있다는 것의 의미를 밝히는 데 초점이 맞춰진다. 그리하여 그 교리를 받아들이는 사람은 '기독교인'이라는 제한적 범주에 속하고, 그렇지 않은 사람은 '비기독교인'이라는 제한적 범주에 속하게 되는 것이다.

다음으로, 흐릿한 사고방식은 유추에 의존할 뿐 뚜렷하게 구분하지는 않는다. 그런 사고방식의 가장 좋은 예가 '가감저항기(加減抵抗器)'이다. 이런 식으로 신앙을 이해하면, 한쪽 끝을 '믿음 없음'으로, 다른 쪽 끝을 '믿음 충만'으로 설정하고는 거의 모든 사람들이 그 둘 사이의 연장선상에 있다고 본다. 인도와 같은 문화권에서는 흐릿한 사고방식이 지배적이다. 회심을 그런 식으로 이해하면, 힌두교에서 기독교로 개종하기 전의 상태도 믿음으로 서서히 성장해 나가는 과정으로 간주된다.

마지막으로, 관계적 사고방식은 대상에 대한 개인적인 판단이 아니라 대상의 관계적 측면으로 그것을 정의한다. '자녀'는 '부모'와 관계를 맺고 있는 사람이고, '남편'은 '아내'와 관계를 맺고 있는 사람이다. 자석의 '양극'은 '음극'에 이끌리는 속성을 지닌 극으로 정의된다. 특정한 사람들이 형제와 자매가 되는 것은 그들이 독자적으로 그런 속성을 지녔기 때문이 아니라 한부모에게서 태어났기 때문이다. 이런 관점으로 보면, 회심은 관계나 방향의 변화를 뜻한다. 다시 말해, 이전의 관계를 버리고 새로운 관계를 맺는 것을 의미한다. 종교적 관점으로 생각하면 이전의 신을 버리고 새로운 신을 선택하는 것이고, 기독교적 관점으로 보면 자아와 다른 우상들을 버리고 주 예수님께 복종하는 것이다.

앞에서 살펴본 제한적 범주는 서구인의 사고방식에 해당하며, 서구의 이런 사고방식은 또한 기독교적이다. 성경은 진리만을 전하며, 오직 하나님이 진리와 거짓을 궁극적으로 판단하신다고 증언한다. 따라서 기독교 신앙은 교리적인 특성을 띨 수밖에 없다. 기독교인이 된다는 것은 특정한 교리를 믿는다는 것을 의미한다. 성경의 교리들을 믿을 때에만 비로소 기독교 신앙을 가질 수 있다.

"그러므로 형제들아 굳건하게 서서 말로나 우리의 편지로 가르침을 받은 전통을 지키라"(살후 2:15).

"형제들아 우리 주 예수 그리스도의 이름으로 너희를 명하노니 게으르게 행하고 우리에게서 받은 전통대로 행하지 아니하는 모든 형제에게서 떠나라"(살후 3:6).

"내가 너희에게 전하여 준 대로 그 전통을 너희가 지키므로 너희를 칭찬하노라"(고전 11:2).

"너는 그리스도 예수 안에 있는 믿음과 사랑으로써 내게 들은 바 바른 말을 본받아 지키고"(딤후 1:13).

"때가 이르리니 사람이 바른 교훈을 받지 아니하며 귀가 가려워서 자기의 사욕을 따를 스승을 많이 두고"(딤후 4:3).

"미쁜 말씀의 가르침을 그대로 지켜야 하리니 이는 능히 바른 교훈으로 권면하고 거슬러 말하는 자들을 책망하게 하려 함이라……이 증언이 참되도다. 그러므로 네가 그들을 엄히 꾸짖으라. 이는 그들로 하여금 믿음을 온전하게 하고"(딛 1:9,13).

터너는(H. E. W. Turner) 『기독교 신앙의 원형』(The Pattern of Christian Truth)이라는 탁월한 책에서 초창기의 이단 사상과 정통 교리가 기생체와 숙주의 관계를 맺고 있었다고 말한다. 이단 사상(기생체)은 정통 교리(숙주)가 존재하는 경우에만 존재한다. 기존의 정통 교리를 부인하고 가감하고 왜곡함으로써 이단 사상이 생겨나는 것이다. 그런데 이런 현상은 정통 교리가 분명하게 인식할 수 있는 형태로 존재할 때, 곧 제한적 범주를 형성할 때만 나타날 수 있다.

성경의 입장과 가장 거리가 먼 문화적 접근 방식은 흐릿한 범주를 따르는 사고방식이다. 이런 사고방식은 대다수의 동양 사상을 지배하고 있으며, 지금은 서구 사회에까지 침투하고 있다. 흐릿한 사고방식은 뚜렷한 경계 없이 단지 동일한 선상에 있으며 다소간의 정도차만 있다고 이해한다. 이것은 보편주의로 기울 수밖에 없는 신학적 조류가 거세게 밀려올 것을 예고한다.

물론 회심은 하나님을 향해 나아가고 그분 안에서 성장하는 일에 포함되기 마련이다. 이런 점에서 흐릿한 사고방식은 성경적 사고방식과 양립할 수 있는 것처럼 보인다. 그러나 흐릿한 사고방식에는 치명적 결함이 있다. 진리와 오류, 그리스도 밖에 있는 것과 안에 있는 것의 경계가 불분명할 수밖에 없는 것이다. 회심은 그리스도께로 나아가는 것을 의미하지만, 그분께 복종하여 그분이 죽음으로써 베푸신 은혜를 믿음으로 받아들이지 못한다면 구원받을 수도, 영혼의 안전을 보장받을 수도 없다. 그런 믿음이 없으면, 그리스도 앞에 아무리 가까이 나아간다 하더라도 여전히 그분 밖에 머물러 있을 뿐이다.

한편 관계적인 사고방식은 성경의 진리와 어느 정도 통한다. 왜냐하면 복음이 이전에 충성하던 자아와 우상들을 버리고 그리스도께 새롭게 충성할 것을 요구하기 때문이다. 물론 우리는 복음의 인식적이고도 관계적인 요소들이 동일한 목적에 이르게 하는 대안은 아니라는 점을 기억해야 한다. 그리스도를 알고자 한다면, 서로 관계를 맺는 동시에 그런 한계를 뛰어넘어야 한다. 다른 어떤 형태의 신념 안에서도 그리스도를 발견할 수는 없다. 힌두교나 불교나 세속주의 안에서는 그분을 찾을 수 없다. 오직 기독교 복음의 진리 안에서만 그분을 발견할 수 있다. 그러므로 그리스도를 믿으려면 그 진리를 받아들여야 한다.

### 과정

그렇다면 어떻게 해야 구원 얻는 신앙을 가질 수 있는가? 그 과정은 어떠한가? 물론 표준이 되는 경험은 존재하지 않는다. 왜냐하면 문화나 기질, 삶의 경험 등이 그리스도를 영접하는 과정에 큰 영향을 미치기 때문이다. 이 과정을 바라보는 관점은 매우 다양하다.

앨런 티펫(Alan Tippett)은 짧게, 또는 길게 전개되는 일반적인 과정에 주목했다. 그에 따르면, 여기에는 두 단계가 있다. 첫째, 하나님으로부터 소외된 사람의 내면에서 의식이 서서히 발전하는 단계이다. 이것은 문제를 인식하는 단계이다. 둘째, 신앙의 근본 요소들이 인식적으로, 또는 교리적으로 형성되면서 사고가 성숙해 문제에 대한 해결책을 찾게 되는 단계이다. 여기서는 성령의 인도하심과 사역으로 인해 그리스도와 그분의 죽으심을 받아들이고 그분을 주님으로 영접하게 된다.

하인리히(M. Heirich)는, 과학 이론의 발전에 대한 토마스 쿤(Thomas

Kuhn)의 견해를 토대로 회심을 이해하는 새로운 관점을 제시했다. 쿤은 과학자들이 다양한 이론적 지식 체계에 의존한다고 지적하면서, 그런 체계가 완전하지는 않지만 연구의 뼈대를 세우는 데는 충분하다고 설명한다. 그러나 지식이 발전함에 따라 처음에는 받아들여졌던 법칙에서 모순을 발견하기 시작하고, 그런 모순이 사실로 증명되면 기존의 체계가 부적절한 것으로 간주되고, 그 결과 새로운 체계가 등장하게 된다. 예컨대, 전통적인 물리학이 더 이상 적절하지 않다는 것이 증명되자 상대성 이론이 등장해 기존의 체계에 큰 변화가 생겨났다. 이렇게 새로 등장한 이론은 새로운 예측을 이끌어 내고, 결국 급격히 변한 과학 이론이 자타가 공인하는 법칙으로 받아들여지기에 이른다.

하인리히는 회심의 경우에도 이전의 사고방식을 바꾸어 궁극적으로 옛 세계관을 버리고 좀 더 만족스런 세계관을 선택하게 된다는 측면에서 과학 이론의 발전과 매우 흡사하다고 생각했다. 쿤은 이런 현상을 경험의 관점으로 해석하여 '패러다임 전환,' 즉 '강요할 수 없는 전환의 경험'으로 일컬었다. 새로운 사고를 적대시하기보다 오히려 그것을 미래를 약속하는 새로운 체계로 자연스럽게 수용하게 된다는 것이다.

오스트레일리아의 코비액(G. P. Cobiac)은 1986년에 이 가설을 증명하려고 시도했다. 그는 최근에 회심한 사람들이 가톨릭 은사주의자들에 대해 어떻게 반응하는지를 조사했다. 코비액은 그들과 두 그룹의 통제집단(실험 요인을 적용하지 않은 집단)을 비교했다. 조사 결과는 대체적으로 하인리히의 가설을 뒷받침했다. 회심자들은 통제집단에 비해 자신의 과거를 더욱 부정적으로 보았으며, 더 연약하고 수동적인 성향을 드러냈다. 그들은 자신들의 삶에 나타난 긍정적인 결과를 하나님이 개입하신 덕분으로 생각했다. 반면 비기독교인이었던 통제집단은 자신들의 삶에 나타난 부정적인 결과를 하나님의 탓으로 돌리는 경향을 보였다. 회심자들이 사용하는 언어도 통제집단과의 중요한 차이를 여실히 드러냈다. 그들은 기독교 신앙 체계에서 특정한 의미를 가지는 표현과 개념을 사용했다. 다시 말해, 그들은 '시온의 말'을 배웠다. 기독교 신앙이 그들의 과거와 현재의 경험을 설명하고 미래를 희망적으로 바라보는 통로가 되었다.

회심하기 위해서는 얼마나 많은 지식을 가지고 있어야 할까? 그것은 사람에 따라 다르며, 기능적인 관점에서 파악되어야 한다. 우리 자신을 죄인으로 의식할 만큼의 지식과 그리스도께서 우리의 문제를 해결해 주신다는 것을 이해할 만큼의 지식, 그리고 복음을 믿을 때와 믿은 후에 우리에게 요구되는 바가 무엇인지를 알 수 있을 만큼의 지식이 필요하다. 이러한 지식은 그리스도와의 관계를 위한 토대가 될 뿐 아니라, 사람들의 불안감을 조장하거나 그들을 조종하려는 술책을 사용하여 그릇되게 복음을 전하지 않도록 막는 역할을 한다. 즉, 회심자가 책임감 있게 믿음을 받아들이도록, 그리고 복음전도자가 복음을 그릇된 방법으로 전달하지 않도록 도와준다.

## 회심을 어떻게 준비해야 하는가?

회심을 어떤 식으로 준비하고, 또 얼마나 많이 준비해야 할까? 그리스도께 어떤 동기를 가지고 나아가는 것이 바람직할까? 이것이 우리가 생각해야 할 세 번째 질문이다. 이번에도 기능적 관점에서 답을 찾아야 한다. 즉, 복음을 참되게 믿는 믿음과 함께, 죄를 사랑하는 것을 온전히 끊어 버리고, 새롭고 경건한 삶의 길로 향하는 문을 열어 주신 예수님께 온전히 감사하는 태도가 필요하다.

그렇다고 해서 오랫동안 죄를 진지하게 뉘우친 사람만이 그리스도께 나아갈 수 있고, 또 그분에게 받아들여질 수 있다는 말은 아니다(이렇게 주장하는 사람은 거의 없지만, 이런 식으로 생각하면서 두려워하는 사람은 많다). 사람들은 청교도와 같은 사람들이 죄를 깊이 의식하고 그런 마음을 갖추기 위해 노력하라고 요구함으로써 율법주의적인 '준비 과정'을 강조했다고 생각한다. 그러나 그것은 비판하기를 좋아하는 사람들이 지어낸 허구일 뿐이다. 정확히 말하면, 청교도들과 그들을 지지하는 사람들은 죄를 철저히 미워하는 사람만이 진정으로 죄에서 돌이켜 그리스도께로 나아갈 수 있다고 주장했다. 죄를 뉘우치는 것이 우리를 그리스도께로 인도하는 복음의 조건은 아니다. 다만 인간의 마음이 타락했기 때문에 죄를 뉘우쳐야 하는 것이다. 하나님은 율법을 통해 우리의 죄책과 추악하고도 비열하며 천박한 옛 모습을 깨우쳐 주신다. 그리고 그런 것들을 더는 사랑하지 않고 복음을 받아들이게 인도하시며, 그리스도를 자유롭게 사랑하고 그분을 따라 새로운 삶을 살아가도록 이끄신다.

물론 예수님의 비유에 언급된 돌밭에 떨어진 씨앗처럼 거짓된 회심도 얼마든지 있을 수 있다. 오늘날, 외부의 압력에 떠밀려 잠시 믿기로 결심하고 용서와 평화의 말씀을 기쁨으로 받아들여 그리스도를 따르겠다고 약속했지만, 죄를 거부하고 그리스도께 충성하며 그로 인해 받아야 할 고난을 감수하지 못하고, 그분 없이 살았던 옛 삶과 죄의 길로 되돌아가는 사람들을 종종 볼 수 있다(히 12:3,4 참고). 그들은 신속히 옛 길로 돌아간다. 왜냐하면 그들의 내적 확신과 변화가 죄의 생활을 영원히 견딜 수 없게 만들거나 오직 그리스도만이 우리를 죄에서 구원해 죄 가운데 살지 않게 하신다는 사실을 분명히 이해할 만큼 충분히 깊지 못하기 때문이다.

거짓 회심을 만들어 내지 않기 위해서는, 율법과 죄와 회개를 충분히 강조해야 하며, 그들이 죄를 미워할 수 있도록 힘껏 도와야 한다. 또한 그런 가르침을 충분히 이해했다고 판단할 만한 근거가 확실해질 때까지 결신을 강요해서는 안 된다. 성령께서 우리가 전하는 말씀을 통해 역사하실 때 복음에 삶을 변화시키는 진리가 있다는 것을 확신할 수 있듯이, 죄에 대한 깊은 깨달음 역시 성령의 사역을 통해 생겨난다.

그렇다면 우리의 부패한 본성을 인식해야 할 필요성과 죄를 강조하는 말들이 혹시 내면의 충격을 병리학적 차원에서 다루려는 시도는 아닐까? 특히 프로이트의 견해를 지지하는 사람들은 종종 그런 식의 주장을 제기해 왔다. 그러나 심리학자들의 선입견은 그들의 결론에 많은 영향을 미친다. 기독교 신앙을 받아들인 심리학자들은, 회심이 퇴행적이고도 병적인 현상이 아니라 건강하고도 정상적인 심리 발달의 일부라고 주장할 만한 증거를 발견했다. 한 연구에 따르면, 일반인이 정신 질환을 앓는 사람에 비해 종교적 성향이 훨씬 짙다는 사실이 밝혀졌다. 물론 종교적 신앙이 그 사람이 방향을 전환하는 원인이자 결과로 작용한다 하더라도, 실제로 그의 혼돈 상태의 한 부분이거나 증거가 될 수도 있다. 종교적인 것과 종교적이지 않은 것을 구별하는 일은 매우 불확실할 뿐 아니라, 실험자의 선입견이 개입하는 순간 복잡해진다. 그러나 회심을 퇴행적 현상으로 보는 견해는 지금까지 이렇다 할 증거를 제시하지 못했다. 반면 종교, 특히 기독교 신앙이 중대한 갈림길로 작용해 건전하고도 건설적인 삶으로 나아가게 만들 수 있다는 증거는 어느 누구도 부인할 수 없을 만큼 확고하다.

한편 욕구의 관점에서 영적 삶의 모습을 이해한다면, 영적 삶의 모습이 율법과 동일한 목적을 지향한다는 것을 알 수 있다. 월리스(R. Wallace)는 회심자 3,574명을 상대로 연구한 결과, 믿음이 그들의 기본적인 욕구(사회적 욕구, 안정감, 유대감, 영향력)를 충족시킨다는 사실을 발견했다. 사회적 욕구를 지닌 사람은 다른 사람들이 자신을 충분히 이해하지 못한다고 생각한다. 삶의 과도기를 거치면서 불확실성에 시달리는 사람은 안정감을 원하고, 가족들에게서 굳건한 토대가 될 만한 가치를 발견하지 못한 사람은 유대감을 원한다. 또한 영향력을 끼치고자 하는 욕구를 지닌 사람은 강한 신념을 지닌 사람들과 감정적인 유대감을 형성하고자 한다. 그런 욕구들을 강하게 느끼지 않는 사람들도 있다. 자신에게 부족한 것이 없다고 생각하기 때문이다. 또 어떤 사람들은 성장 배경 때문에 그런 욕구를 강하게 느끼면서도 회심에 관심을 기울이지 않는다. 회심은 신뢰를 요구하지만, 그들의 내면은 온통 불신으로 가득 차 있기 때문이다.

이러한 욕구들은 율법이 제시하는 틀과 관계가 있다. 사회적인 소외감(다른 사람들로부터 충분히 이해받지 못한다는 느낌)과 인격적인 소외감(마치 정박지를 떠나 표류하는 배처럼 삶을 지탱해 줄 뚜렷한 목표나 굳건한 가치가 결여되어 있다는 느낌)은 하나님으로부터 소외된 데서 비롯된다. 일단 우리가 하나님으로부터 소외되었다는 사실, 곧 우리가 하나님을 밀어내고 우리의 규범과 가치로 그분의 율법을 대체해 스스로 삶의 주인이 되려고 한다는 사실을 깨닫는 순간, 우리는 그런 내적 욕구들이 우리의 죄에서 비롯되었다는 것을 쉽게 이해할 수 있다. 그런 결함이 복음에 잘 설명되어 있다. 복음은 단지 우리의 삶에 덧붙여진 부가물이 아니다. 복음은 하나님께서 친히 그런 결함을 메워 주신다는 확신 위에 삶을 세울 수 있도록 삶을 다시 정비하는 기능을 수행한다.

지금까지 살펴본 대로, 그리스도를 믿겠다는 결심은 회심의 충분한 증거가 될 수 없다. 설령 그런 결심으로 회심했다고 해도 마찬가지이다. 불충분한 자기인식, 곧 우리가 하나님 앞에서 죄인이라는 사실을 충분히 인식하지 못한 채 결신하는 것은, 비록 그것이 욕구를 반영한다 해도 알맹이 없는 결신에 지나지 않는다. 하나님과 그리스도와 진리에 관한 충분한 지식에서 비롯되지 않은 결신은 잘못될 가능성이 매우 높고, 올바른 방향으로 지속적인 영향력을 발휘하기가 어렵다. 그런 결신은 외부적인 조종과 압력에 의해 생겨난 것에 불과하다. 다시 말해, 심리적으로 압박하는 친구들이나 군중의 압력, 또는 권위적으로 복음을 제시하는 복음전도자의 '강매'에 가까운 복음전도에 못 이겨 이루어지는 결신이다. 그런 결신은 어리석으며 도덕적으로도 무책임할 수밖에 없다. 중요한 것은 결신이 아니다. 하나님을 거역한 탓에 그분으로부터 소외되었다는 사실을 깨닫고 그리스도 안에서 용서와 구원을 구하며, 성령으로 새롭게 되어 진실함과 사랑이 충만한 삶을 살아가는 것이 중요하다.

CHAPTER **4**

# 회심에 관한 교회의 견해

회심이 변화, 즉 죄를 버리고 하나님께로 돌이키는 것을 뜻한다는 점은 교회 안에서 대체로 인정받아 왔다. 그러나 회심이 어떻게, 왜 일어나는지에 대해서는 논란이 많다. 과연 회심은 세례와 고백, 사제의 사면을 통해, 또는 요즘처럼 결신을 강요하는 압력에 의해 일어나는 것일까? 그리스도의 십자가 사역과 성령의 거듭나게 하시는 사역은 회심과 어떤 관계가 있을까? 회심은 그리스도께서 성례나 사제의 역할이라는 교회의 기능을 통해 은혜를 베푸실 때 이루어지는가, 아니면 오직 믿음을 통해서만 이루어지는가? 거듭나게 하시는 성령의 사역은 회심 이전에 이루어지는가, 이후에 이루어지는가? 이런 질문들에 뭐라고 대답하느냐에 따라 회심에 관한 견해가 다양하게 엇갈린다. 그래서 오늘날 회심에 관하여 확실하고도 획일적인 견해는 존재하지 않는다.

이번 장에서는 성경의 가르침에서 벗어난 잘못된 견해가 아니라 복음주의 전통 안에 존재하는 여러 가지 견해들을 살펴보는 데 초점을 맞추고자 한다. 먼저 아우구스티누스의 견해부터 살펴보는 것이 좋을 듯하다. 왜냐하면 루터와 그의 반대자들이 모두 그에게서 영감을 얻었기 때문이다.

본래 아우구스티누스의 사상 안에는 믿음을 통해 은혜로 회심한다는 견해와 교회를 통해 회심하게 된다는 견해가 통합되어 있었다. 그런데 시간이 흐르면서 이 두 견해가 서로 갈라지기 시작했다. 이 점을 염두에 두고서 복음주의의 견해를 살펴보자. 복음주의의 견해는 아우구스티누스의 신약성경 연구를 통해 형성되었으며, 종교개혁을 통하여 강력하게 표현되고, 정통주의 교회 시대를 거치면서 더욱 견고하게 다듬어졌다. 그런데 현대에 들어와서는 그런 견해가 점점 쇠퇴하고 있는 추세이다.

## 아우구스티누스

아우구스티누스는 사도 시대 이후 회심에 관한 견해를 처음으로 제시한 사람도 아니고, 최초로 회심한 사람도 아니다. 그러나 그는 놀라운 분석력과 깊이 있는 이해와 신학적 지식을 토대로 자신의 경험을 해석했다. 그의 견해는 우리의 논의를 시작하기에 적합한 출발점이 된다.

아우구스티누스의 삶에서 회심의 증거를 세 가지 발견할 수 있다. 그의 회심은 본질상 지성적, 도덕적, 교회적 특성을 지녔으며, 일생을 거치면서 차츰 발전해 갔다. 아우구스티누스는 이교도로 성장하지 않았다. 그의 아버지는 이교도였지만, 기독교인인 그의 어머니가 그에게 큰 영향을 미쳤기 때문이다. 그는 사춘기 시절에 지성적으로나 도덕적으로 기독교를 멀리했다. 그는 지성적으로 기독교의 단순한 교리를 거부하고, 키케로(Cicero)의 정교한 사상과 마니교의 엘리트주의에 매력을 느꼈다. 그는 『고백록』(Confessions)에서 하나님이 자신을 다시 돌아오게 하신 과정을 자세히 밝힌다. 그는 마니교의 이원론에 환멸을 느끼고 회의주의로 기울었던 자신의 지적 편력을 진술했고, 회의주의에서 플라톤주의를 거쳐 밀라노의 주교 암브로시우스(Ambrosius)의 설교를 통해 기독교에 새롭게 관심을 가지게 되기까지의 과정을 언급했다. 그는 플라톤주의와 암브로시우스를 통해 진리를 이해하게 되었노라고 고백했다. 그의 '지성적 회심'은 그렇게 이루어졌다.

그러나 그에게 가장 중요한 도덕적 문제는 여전히 해결되지 않고 남아 있었다. "평화의 땅을 보는 것과……그곳에 이르는 길을 걷는 것은 전혀 별개이다"(7.21). "지금 내가 원하는 것은 주님을 더욱 확신하는 것이 아니라 주님 안에 더욱 견고하게 서는 것이다"(8.1). 그는 진리를 받아들였지만, 여전히 육적인 습관으로 이끄는 부패한 의지에 속박되어 있었다. "습관이라는 참으로 사나운 힘이 곧 죄의 법이다. 생각은 그것에 이끌리고, 심지어 자신의 의지를 거스른다. 당연히 그럴 수밖에 없다. 왜냐하면 생각이 습관에 단단히 속박되어 있기 때문이다"(8.5).

아우구스티누스는 자신에게 성적 욕구를 극복할 능력이 없음을 의식하면서 점점 깊은 절망에 빠져들었다. 그러던 어느 날, 정원에서 홀로 독서를 하며 명상에 잠겨 있는데, "집어서 읽어라, 집어서 읽어라"라고 말하는 어린아이의 목소리가 들려왔다. 그는 즉시 성경책을 집어 들고 로마서 13장 13,14절을 읽었다.

"낮에와 같이 단정히 행하고 방탕하거나 술 취하지 말며 음란하거나 호색하지 말며 다투거나 시기하지 말고, 오직 주 예수 그리스도로 옷 입고 정욕을 위하여 육신의 일을 도모하지 말라."

이 극적인 경험을 통해 그의 '도덕적 회심'이 이루어졌다. 그는 기뻐서 어쩔 줄 몰랐다. "주님의 은혜 덕분에 내가 원하는 일이 아니라 주님이 원하시는 일을 행하려는 의지가 생겼다"(9.1).

도덕적으로 회심한 아우구스티누스는 금욕적인 기독교와 도덕적 엄격주의를 선택했다. 그는 회심하기 직전에 이집트의 은수자 성 안토니우스(Saint Antonius)의 생애를 기록한 책을 읽고 있었다. 그는 자신의 변화를 설명하면서 "주님이 나를 주님께로 돌이키셨기에 아내를 비롯하여 이 세상이 주는 그 어떤 위로도 구하지 않게 되었다"(8.12)라고 말했다. 아우구스티누스를 비롯해 많은 사람들이 금욕적인 삶을 선택하는 것을 도덕적 회심의 참된 증거로 간주했다. 4세기경, 특히 콘스탄티누스(Constantinus) 대제의 회심 이후에, 진지한 기독교인들은 형식주의와 명목주의에 치우친 교회에 반발하여 금욕주의를 선택했다.

그러나 아우구스티누스는 자신의 회심이 온전하지 않다고 생각했다. "주님의 뜻을 그토록 깊이 깨닫고, 주님의 이름을 찬양하며 믿음 안에서 기뻐했다. 그러나 그런 믿음만으로는 과거의 죄로부터 구원받았다고 확신할 수 없다. 왜냐하면 주님의 세례가 아직 지난날의 죄를 사면해 주지 않았기 때문이다"(9.4). 387년 4월 24일, 부활절 전날 저녁에 암브로시우스는 아우구스티누스를 비롯하여 많은 사람들에게 세례를 베풀었다. 아우구스티누스는 "우리는 세례를 받았다. 우리의 과거에 대한 모든 불안이 말끔히 사라졌다"라고 술회했다. 그렇게 그의 '교회적 회심'이 이루어진 것이다.

『고백록』을 보면, 아우구스티누스가 회심을 '온전히 하나님의 은혜로 일어나는 사역'으로 이해한다는 것을 분명하게 알 수 있다. 그는 택하신 자를 끝까지 추적하여 은혜로 구원하시는 하나님을 증언하기 위해 그 책을 저술했다. 그는 구원에 관한 한 인간의 자유의지를 배제하고, 오직 하나님의 주권만을 인정했다. 그러한 사상은 펠라기우스(Pelagius)와 논쟁하면서 더욱 공고해졌다. 아우구스티누스가 펠라기우스를 물리치고 승리한 덕분에 아우구스티누스주의는 선하게, 펠라기우스주의는 악하게 인식되었다. 그러나 예정과 은혜에 관한 아우구스티누스의 성숙한 견해가 교회 안에서 항상 잘 유지되었던 것은 아니다.

워필드(B. B. Warfield)는 종교개혁을 가리켜 "아우구스티누스의 은혜론이 그의 교회론에 반란을 일으킨 것"이라고 표현했다. 이는 참으로 적절한 표현이다. 개혁주의의 입장에서 보면, 종교개혁은 성례를 통해 은혜가 전달된다는 교리에 대한 반발이었다. 또한 종교개혁의 표현으로 말하면, 교회의 예식이라는 편협한 수단을 통해서 예정이 실현된다는 사상에 대한 반발이었다. 종교개혁은 인간의 타락, 어둠과 오류에 속박된 상태, 은혜의 절대적 필요성, 복음의 영광을 강조했던 아우구스티누스의 사상에 대한 확증이었다. 왜냐하면 그를 통해 복음의 좋은 소식이 올바로 전해졌기 때문이다. 이처럼 우리는 이 두 가지 길이 어떻게 갈라졌는지를 이해해야 한다. 회심은, 한편으로는 교회 안에서, 교회를 통해, 교회 때문에 이루어지는 것으로 이해되었고, 다른 한편으로는 하나님의 주권과 직접적인 개입을 통하여 오직 믿음으로 말미암은 은혜로만 이루어지는 것으로 이해되었다.

## 교회를 통한 회심

먼저 주목해야 할 것은, 교회가 은혜의 경륜을 관장하고 통제한 데서 야기된 변화이다. 그러한 변화는 구원의 은혜가 성례를 통해 전달된다는 생각에서부터 시작되었다. 세례를 받아 교회에 나오는 것이 곧 회심으로 여겨졌다. 그러고 나면 세례를 받고 난 뒤에 지은 죄를 고해성사를 통해 해결하는 데 관심을 기울여야 했다. 회심자는 세례를 받은 뒤에 지은 죄를 하나님 앞에서 속죄해야 했다. 극기와 금욕, 고행은 물론, 심지어 채찍질과 같은 방식으로 육신을 죽이는 과정이 요구되었다. 테르툴리아누스(Tertullianus)가 쓴 두 권의 책에는 3세기경에 널리 유행했던 관습에 대한 이론적 근거가 나와 있다. 그는 그 근거를 두 가지로 설명했다. 첫째, 죄는 빚에 해당하므로 현세나 연옥에서 선한 행위로 공로를 쌓아 상쇄시켜야 한다. 둘째, 죄에 대한 영원한 형벌은 현세에서 고해성사라는 일시적인 형태의 보속으로 면제받아야 한다. 그것이 바로 죄의 빚을 탕감받을 수 있는 길이었다.

이 이론은 안셀무스(Anselmus)가 저술한 『하나님은 왜 인간이 되셨는가?』(Cur Deus Homo)의 뼈대를 제공했다. 그 책에서는 그리스도께서 십자가에서 엄청난 공로를 쌓으셨는데 그 공로가 그분 자신에게는 전혀 필요 없기 때문에 스스로 공로를 쌓을 수 없는 죄인들에게 그리스도의 공로를 나누어 줄 수 있게 되었다고 주장한다(죄인들은 스스로 공로를 쌓을 수 없다. 왜냐하면 죄가 일시적인 채무가 아니라 영원하신 하나님을 욕되게 한 영원한 채무이기 때문이다. 이러한 안셀무스의 이론은 테르툴리아누스의 이론에 비해 매우 발전한 것이었다). 훗날 고해성사는 면죄부를 판매하는 상품으로 변신했다. 그러한 남용은 루터의 분노를 자극했다. 면죄부를 파는 사람들, 곧 루터가 "허풍쟁이"라고 일컬었던 사람들은 여러 지역을 돌아다니면서 "동전이 헌금함에 '딸랑' 하고 떨어지는 순간에 영혼이 연옥에서 빠져나온다"라고 약속하며 면죄부를 판매했다.

'회심'은 아우구스티누스가 『고백록』에서 말했던 영혼의 고뇌, 하나님과 은혜에 대한 갈망, 통회, 그리스도 안에서 하나님께 복종하는 삶에서 점점 멀어져 갔다. 그러다가 '회심'은 교회의 각종 제도와 연관된 의미로 변질되었다. 6,7세기에는 수도원에 들어가는 것을 의미했고, 12세기의 피터 롬바르드(Peter Lombard)는 성찬의 포도주와 떡이 초자연적으로 변화하는 것을 가리켜 회심이라고 일컬었다. 또한 토마스 아퀴나스

(Thomas Aquinas)는 회심을 "하나님의 뜻이 발동하는 순간"을 가리키는 의미로 받아들였다. 그는 세 가지 회심, 곧 죄인이 은혜로 하나님께 나아가는 것과 죄인이 은혜 안에 들어가는 것, 그리고 은혜 안에서 계속 살아가는 것을 언급했다. 물론 각각의 단계는 모두 교회를 통해, 교회에 의해 이루어진다고 보았다.

아퀴나스는 교회의 가르침을 수용하는 것을 회심의 지성적 요소로 파악했다. 그의 말에 따르면, 믿음은 곧 진리에 동의하는 것이다. 그런데 그것이 구원에 반드시 필요하긴 하지만, 그것만으로는 충분하지 않다. 믿음은 영혼 안에 존재하는 은혜의 경향성으로서, 그 자체로는 아직 형태를 갖추지 못한 상태이기 때문이다. 영혼 없는 육신이 시체에 불과하듯이, 형태가 없는 믿음은 곧 죽은 믿음이다. 믿음의 형태는 사랑이다. 사랑은 믿음을 살아나게 하고, 그것을 구원 신앙으로 완성시킨다. 사랑은 하나님이 공로로 인정하시는 은혜의 경향성이다. 이렇게 믿음과 사랑이라는 은혜가 주입되어 칭의와 회심이 이루어진다는 것이다.

이러한 신학적 입장은 칭의와 성화를 사실상 동일하게 여기는 것으로서, 로마 가톨릭교회의 기본적인 특징에 해당한다. 그들의 주장에 따르면, 회심은 죄 사함은 물론 도덕적인 갱생을 이루어 하나님께 인정받게 만든다. 성례를 통해 은혜가 효과적으로 주입되는데, 가장 기본적인 성례는 영적 '갱생'을 이루는 세례이다. 그래서 아퀴나스는 세례를 "하늘의 문을 여는 것"으로 간주했다. 아울러 세례를 받은 후에 지은 죄는 고해성사를 통해 해결해야 했다.

중세 신학에서는 구원 신앙의 객관성을 강조하기 위해 성례를 강조했다. 6세기 이후에는 죄의 본질과 결과에 대한 아우구스티누스의 심오한 이해가 자취를 감추기 시작했다. 그러다가 죄를 단순히 규칙을 어기는 것으로 정의하는 피상적인 도덕주의가 그 자리를 대신하고, 선행으로 죄를 상쇄할 수 있다고 이해했다. 그런 도덕주의의 배후에는 '죄로 인해 하나님의 주권적인 구원의 은혜에서 벗어나면 하나님을 찾을 수도, 사랑할 수도, 섬길 수도 없다'는 성경의 가르침을 왜곡하는 반(半)펠라기우스주의가 도사리고 있었다. 반펠라기우스주의와 피상적인 도덕주의가 결합하여 하나님의 은혜를 받는 방법을 오해함으로써, 칭의를 그리스도의 전가된 의가 아니라 현세에서 성취해야 할 의로 곡해하는 결과를 낳았다. 중세 신학은 성경이 가르치는 칭의의 교리를 무시하고, 그것을 성화의 교리로 대체했다. 세례를 받은 신자는 세례를 받을 때 주어지는 은혜와 협력해 사랑을 실천함으로써 그 은혜를 활성화시킬 의무를 져야 했다. 나중에 벨라민(Bellarmine) 추기경은 "합동(congruism)"이라는 용어를 사용하여 '하나님과 죄인의 협력'을 강조하는 견해를 피력했다. 이에 대하여 루터는 은혜의 단독 작용(monogism)을 강조하면서 이 견해를 매우 강하게 비판했다.

## 개혁주의 전통

루터는 유명한 95개조 격문을 공표하기 전에 『스콜라 신학 논박』(Disputation Against Scholastic Theology)이라는 책을 써서 당시의 구원관을 철저하게 비판했다. 그는, 구원을 하나님과 죄인의 협력에 의해 서서히 하나님께로 나아가는 과정으로 보는 당시의 견해를 단호하게 거부했다. 루터는 하나님의 은혜보다 앞서는 것은 아무것도 없으며, 죄인의 의지는 악할 뿐이라고 주장했다. 또한 악한 의지가 인격 전체에 깊이 침투해 있는 탓에 하나님이 자유롭게 해 주지 않으시는 한 죄인은 그분을 향해 단 한 발자국도 내디딜 수 없다고 강조했다. 그는 『의지의 자유에 대해』(On the Freedom of the Will)라는 책에서 에라스무스(Erasmus)에 맞서 이런 입장을 견지했다. 에라스무스는 자신과 루터가 심리학과 결정론에 관한 문제를 논의하고 있다고 생각했다. 에라스무스는 하나님께서 꼭두각시 인형을 부리듯이 죄인을 통해 자신의 의지를 실현하시는가 하는 문제에 대해 논의하고 있다고 착각했다. 그러나 루터는 심리학이 아니라 구원론에 대해 논의했고, 인간이 하나님과 협력하여 구원에 기여할 수 있는지를 따졌다. 루터는 당연히 인간이 기여할 수 없다고 대답했다. 왜냐하면 인간에게는 그럴 능력이 없기 때문이다.

루터는 아우구스티누스와 비슷한 과정을 거쳐 구원관을 확립했다. 그는 젊은 수도사 시절에 하나님의 의와 요구를 생각하면서 감당할 수 없는 고뇌를 느꼈다. 그는 재판관이신 그리스도를 떠올릴 때마다 몹시 두려워 얼굴이 창백해졌다고 밝힌다. 그런데 성경을 연구하다가 바울이 말한 '하나님의 의'(롬 1:17)가 그분이 자신에게 요구하시는 의가 아니라 그분이 그리스도 안에서 허락하시는 의를 가리킨다는 사실을 깨달았다.

그것을 깨닫고서 루터는 회심했다. 이 일에 대해 그는 "완전히 새로 태어나 열린 문을 지나 낙원에 들어가는 듯한 느낌이 들었다"라고 고백한다. 그는 회개하려는 사람이 '두려워하며 죽어야 하고, 버림받아 벌벌 떠는 양심을 지녀야 한다'고 말한다. 그래야만 죄인이 스스로 이루는 것이 아니라 하나님께서 그분의 아들을 통해 주시는 위로를 기꺼이 붙잡을 수 있다. '두려워 떠는 죄인'은 믿음으로 그리스도의 '위로와 긍휼'을 얻을 수 있다. 이런 사상은 죄에 관한 아우구스티누스의 이해와 일맥상통한다. 그리고 아우구스티누스의 이해는 신약성경과 바울의 가르침에 뿌리를 내리고 있다. 이러한 성경의 가르침이 루터를 통해 회복된 것이다. 자신 안에서 아무런 도움도 발견할 수 없다는 사실을 깨닫고 고뇌하는 죄인은, 의롭다함을 받기 위해 그리스도의 대속 사역을 전적으로 의지해야 한다.

그런데 루터는 회심에만 관심을 기울인 것이 아니었다. 그는 주관적인 것보다는 객관적인 것, 곧 중생을 통해 우리가 경험하는 것이 아니라 우리를 의롭게 하시기 위해 그리스도께서 행하신 일에 초점을 맞추었다. 그는 그리스도를 위한 우리의 결단이 아니라 그리스도를 붙잡는 믿음을 더욱 강조했으며, 우리 자신의 행위가 아니라 하나님의 사역을 더욱 중시했다. 그리고 그런 확신을 토대로 회심을 논했다. 그는 '회심'이라는 말을 세 가지 의미로 사용한다. 첫째는 세례이고, 둘째는 늘 반복되어야 하는 회개(지금도 일부 루터교 신자들은 '매일의 회심'을 강조한다)와 뉘우침이며, 셋째는 극적인 인격의 변화이다(루터는 낙원의 문이 그리스도를 통해 자신 앞에 활짝 열렸을 때 그런 극적인 변화를 경험했다고 말한다).

개혁주의는 루터의 견해에 충분히 동의하면서도 약간의 차이를 둔다. 칼빈(Calvin)도 그리스도 중심의 사상가였다. 그는 회심에 관해 두 가지 중요한 사실을 지적했다. 첫째, 지속적인 회개(죄와 자아에서 돌이켜 하나님과 의를 향해 나아가는 것)는 신자의 일생 동안 계속되는 일로서 전적으로 하나님의 사역에 해당한다. 하나님은 부패한 마음을 새롭게 만드시고, 늘 새롭게 유지되도록 도와주신다. 따라서 우리의 '선행'마저도 우리의 공로가 아니라 하나님의 선물이다. 둘째, 하나님이 신자 안에서 역사하여 적극적으로 하나님께로 돌이키게 하시는 일은 믿음의 열매이다. 긍휼의 약속이 자신에게 주어졌다고 확신하며 성부 하나님과 중보자이신 그리스도를 진정으로 믿고 의지하는 성향도 그분의 사역에서 비롯된다. 루터 역시 『의지의 자유에 대해』에서 이와 똑같이 말한다. 즉, 그는 그 책에서 선행이 공로가 될 수 있다는 견해를 논박한다.

칼빈의 회심은 많은 추측을 낳아 왔다. 그가 자신의 회심에 대하여 거의 언급하지 않기 때문이다. 그저 하나님께서 자신의 강퍅한 마음을 정복하여 온순하게 만드셨다고만 간단히 언급한다. 그런데도 회심은 그의 신학에서 매우 중요한 비중을 차지한다. 그는 '회심'을 회개와 성화의 동의어로 사용한다. 그는 『기독교 강요』에서 믿음의 교리를 논하면서 이렇게 말한다. "회개와 죄 사함이 복음의 전부라는 주장은 매우 일리가 있다……그리스도께서는 우리에게 회개와 죄 사함, 곧 새로운 삶과 값없는 화해를 허락하신다. 둘 다 칭의와 성화를 통해 우리에게 주어진다."

이처럼 칼빈은 회개와 회심을 성화와 동일하게 여겼고, 둘 다 믿음의 결과라고 생각했다. 그는 "회개가 항상 믿음에 뒤따르며 믿음에서 비롯된다는 것은 논란의 여지가 없는 사실이다"라고 말했다(3.3.1). 칼빈은 회심을 도덕적 변화와 동일하게 여기면서도 칭의와는 명확하게 구분했다. 또한 세례는 교회의 일원이 되었다는 외적인 징표요 상징일 뿐, 실제로 신자가 되는 데는 아무런 영향도 미치지 않는다고 생각했다.

『하이델베르크 교리문답』(1563)은 회심에 관한 칼빈의 견해를 받아들였다. 이 교리문답은 죄와 불행, 죄로부터의 구원, 구원에 대한 감사라는 세 부분으로 나뉜다. 세 번째 부분을 시작하면서 "참회개, 또는 회심은 무엇인가?"(88문)라고 묻고, "옛사람이 죽고 새사람으로 사는 것이다"라고 대답한다. 즉, 칼빈의 사상을 따라 회심을 회개와 동일하게 파악하며, 신앙생활을 통해 이루어지는 성화의 과정으로 이해하는 것이다. 물론 성화의 과정에서 시작은 있다. 그러나 여기에서는 회심을 시작이라기보다는 평생 이루어지는 과정으로 강조하고 있다.

칼빈과 초기 개혁주의 전통을 따르는 신학자들은 복음의 형식적인 정의에 대하여 루터교의 전통과는 약간 다른 견해를 피력했다. 루터주의자들에게 복음은 순수한 약속이며, 믿음의 반응을 요구한다. 그에 비해 칼빈주의자들에게 복음은 죄 사함과 갱생의 약속이며, 믿음과 회개를 요구한다. 한편 칭의, 즉 그리스도를 통해 하나님께 인정받는 것에 대해서는 루터주의자들이나 칼빈주의자들의 기본 입장이 동일하다. 그리스도 안에서 죄가 심판을 받고, 믿음으로 그분의 의가 죄인에게로 전가된다는 것이다. 루터와 칼빈은 그리스도의 약속을 의지하는 믿음을 매우 강조한다. 이 약속은 신자의 삶에 기쁨과 확신을 가져다준다. 그리스도의 완전한 의를 통해 값없이 주어지는 칭의가 개혁주의의 핵심이다.

개혁주의 전통이 계속 발전하는 가운데 칭의를 강조하는 전통은 면면히 이어졌지만, 일부 신학자들은 칭의를 기독교 신학과 경험의 가장자리로 밀어내는 듯한 견해를 피력하기도 했다. 예를 들어, 청교도 신학자들 중에는 칼빈의 견해와는 다르게 가르치는 사람들이 더러 있었다. 특히 확신의 교리와 관련하여 그러한 점이 가장 두드러지게 나타난다. 칼빈은 확신이 신앙의 본질이라고 역설했다. 믿음은 곧 하나님의 약속을 믿는 확신이다. 그런데 어떤 청교도들은 확신이 믿음의 본질이 아니라 믿음의 목적이라고 가르쳤다. 그들은 성경에 언급된 하나님의 약속을 확신의 근거로 받아들이지 않고, 성화의 은혜와 관련된 신자의 '경험'에 초점을 맞추었다(실천적 삼단논법). 그들은 확신에 대한 이러한 입장이 신자들의 확신을 더욱 공고하게 만든다고 주장했다. 그러나 결과는 정반대였다. 오히려 확신을 갖기가 점점 더 어려워지고, 경험이 점점 더 중요하게 부각되는 결과를 낳은 것이다.

경험을 중시하는 태도와 더불어 교회 안에 나타나는 형식주의에 대한 우려가 증폭되면서 많은 청교도들이 점차 회심을 강조하기 시작했다. 그들은 회심을 신자의 도덕적 갱생으로 이해했다. 그런 태도는 조셉 얼라인(Joseph Alleine)의 『회개하지 않은 죄인들에게 주는 경고』(Alarm to Unconverted Sinners, 1671)나 리차드 백스터(Richard Baxter)의 『회심에 대한 논고』(*Treatise on Conversion*, 1657) 등의 책에서도 잘 드러난다. 두 사람은 모두 회심을 기본적으로 도덕적 문제로 간주했다. 그들 두 청교도는 회심의 어려움을 의식했다. 그들은 은혜를 당연하게 여기거나 하나님을 이용하려 해서는 안 된다고 주장했다. 또한 생명에 이르는 좁은 길보다는 멸망에 이르는 넓은 길이 사람들에게 더 매혹적으로 비친다고 경고했다.

많은 청교도들이 회심을 준비해야 한다고 역설했다. 그들은 구원이 주권적으로 주어지지만, 죄를 충분히 성찰하여 자신에게는 아무런 희망이 없으며 생명에 이르는 길이 오직 하나님뿐이라는 사실을 깨닫기 전에는 구원을 얻을 수 없다고 강조했다. 이런 입장은 때때로 죄인으로 하여금 소극적인 태도를 갖게끔 부추겨 죄 사함의 약속을 신속하게 붙잡지 못하게 만드는 결과를 낳기도 했다. 그러나 죄를 깨닫고 그것을 버리는 것이 믿음을 발휘하기 위한 조건이라는 청교도의 입장은, 오늘날의 복음 전도에서 흔히 발견되는 회심에 관한 견해보다 더 바람직해 보인다.

앞서 말한 대로, 오늘날의 복음전도는 회심을 하나님의 역사로 말미암는 심리적 사건으로 이해한다(죄인은 그 과정을 거쳐 사망에서 생명으로 나아간다). 이런 견해가 루터나 칼빈의 가르침과 충돌하지는 않는다. 그러나 회개와 믿음에 관한 종교개혁자들의 가르침이나 청교도들의 태도보다는 더 인간 중심적이고 경험 지향적이며 복음전도적인 특성을 띤다. 청교도들은 우리가 어떤 상태에서 구원받았고, 또한 하나님이 구원을 위해 얼마나 많은 희생을 감수하셨는지를 충분하게 이해하지 못하여 복음의 핵심이 손상될까 봐 염려했다.

## 영적 부흥과 선교

18세기에 접어들어 종교개혁 신학과 청교도의 영성과 경건주의의 열정이 한데 뭉쳐 '대각성 운동'으로 알려진 영적 부흥이 일어났다. 대각성 운동은 미국의 동부 연안과 영국 대부분의 지역에 영적 부흥의 불길을 당겼다. 복음주의 신앙은 이전과는 다른 방식으로 하나님을 구하는 사람들의 사역과 노력을 통해 더욱 명확해졌다. 조지 휫필드(George Whitefield)와 존 웨슬리(John Wesley)는 둘 다 교회와 성례에 정통한 목회자였다. 그러나 두 사람 모두에게 회심이 필요했다. 휫필드는 1735년에, 웨슬리는 1738년에 각각 칭의를 설명하는 루터의 로마서 주석 서론을 읽고 나서 회심했다. 그들은 믿음과 회심에 관한 새로운 이해를 바탕으로 복음을 전하기 시작했다. 많은 목회자들이 그들의 메시지에 충격을 받았으며, 그들에게 강단을 내주려고 하지 않았다. 그래서 휫필드는 영국에서 옥외 집회를 열었고, 웨슬리도 곧 그의 뒤를 따랐다.

그들의 신학은 서로 달랐다. 웨슬리는 아르미니우스주의자가 되어 기독교인의 완전함을 역설했다. 그는 심지어 회심하기 전에도 '죄 없는 완전 상태'가 존재할 수 있다고 믿었으며, 그런 확신은 회심한 후에 더욱 강해졌다. 이와 달리 휫필드는 종교개혁의 원리들을 고수했으며, 하나님의 주권적인 은혜를 통해 죄인이 구원받는다고 확신했다.

그런데 그들은 두 가지 점에서 대다수 청교도들과는 다른 입장을 취했다. 첫째, 그들은 미루지 말고 즉시 회심하라고 외쳤다. 많은 청교도들과는 달리, 그들은 회심하기 전에 죄로 인해 깊이 절망해야 한다고 가르치지 않았다. 둘째, 그들은 확신이 회심한 후에 추구해야 할 목표가 아니라 이미 믿음에 내재되어 있다고 가르쳤다.

횟필드와 웨슬리 등의 가르침은 영국과 미국의 교회에 새로운 활력을 불어넣었다. 그들의 설교는 당시에 많은 사람들의 무관심과 냉랭한 형식주의를 깨뜨렸다. 그들은 교회가 외면했던 사회 구성원들에게 복음을 전했고, 종교개혁 시대에는 없었던 새로운 방식으로 중생의 중요성과 그 중심적 역할을 강조했다. 그들은 거리낌 없이 칭의의 교리를 전하면서도 중생에 더 많은 비중을 두었다. 그런 과정에 복음을 축소하는 오늘날의 경향이 이미 싹트고 있었다.

이와 관련하여 경건하고도 진지한 사람들조차 그릇된 길로 치우치게 만들 만한 두 가지 위험이 도사리고 있다. 종교개혁의 입장을 따라 '회심'이라는 말을 도덕적이고도 영적인 변화를 뜻하는 의미로 이해하면, 믿음이 도덕주의로 치우칠 가능성이 높아진다. 즉, 믿음이 역동성과 경험적 특성을 잃고, 그저 마땅히 해야 할 의무로 축소되기 쉽다. 한편 회심을 믿음의 첫 경험으로 국한시키면, 기독교의 교리적 요소와 도덕적 요소가 심각하게 축소될 위험이 있다. 또한 교회의 성례 사역이 회심에 부적절한 것으로 여겨질 소지가 많다. 종교개혁의 교리는 믿음과 회개에 관하여 적절히 균형을 이루고 있었지만, 오늘날의 복음전도에서는 그런

균형이 종종 깨지곤 한다(때로는 웨슬리와 휫필드도 이런 측면을 의식한 것 같다).

물론 어느 한순간에 갑자기 그리스도와 그분의 구원 사역을 좁은 시각으로 바라보게 된 것은 아니다. 또한 오늘날의 복음전도에서 전혀 예외가 없는 것도 아니다. 훨씬 더 온전한 옛 신학도 대체로 잘 이어져 내려오고 있다. 19세기의 놀라운 선교 활동이 그 대표적인 예이다. 케니스 라토렛(Kenneth Latourette)은 일곱 권으로 된 『기독교의 역사』(A History of the Expansion of Christianity)라는 책을 저술하였는데, 그중에 세 권을 당시의 역사를 다루는 데 할애했다.

개신교 선교사들은 항상 이교도의 회심을 선교 사역에서 가장 중요한 목표로 삼았다. 그들은 로마 가톨릭교회와는 달리, 회심을 복음주의적인 선교의 개념과 실천을 드러내는 특징으로 이해했다. 가톨릭 선교사들은 은혜를 성례적 관점에서 이해하여 종종 대규모 세례식을 베푸는 것으로 만족할 뿐, 교인이 된 사람들을 목회적으로 교육하여 더 깊은 믿음으로 인도하지 않는 경우가 많았다. '미국 선교위원회'의 대표인 루퍼스 앤더슨(Rufus Anderson)은 가장 초기의 개신교 선교학자 중 한 사람이다. 그는 예수회 선교사인 프란시스 자비에(Francis Xavier)가 피상적인 방법을 사용한 탓에 광범위한 노력을 기울이고도 지속적인 결실을 맺지 못했다고 지적했다. '미국 선교위원회'는 이교도의 참된 회심을 선교 전략으로 삼아, 신자들의 높은 영성을 바탕으로 처음부터 스스로 전도하고 스스로 다스리고 스스로 유지해 나가는 독립된 교회를 형성해야 한다고 주장했다. 이 세 가지 '스스로'는 토착 교회를 설립하는 것을 목표로 삼는 개신교 선교 전략의 구호로 자리 잡았다.

이런 선교 방법론을 창안한 사람이 바로 앤더슨과 헨리 벤(Henry Venn)이다. 그들에 따르면, 선교의 성패는 전적으로 '교회의 핵심 구성원의 참된 회심'이라는 기본 조건을 얼마나 충족시키느냐에 달려 있다. 이 개념은 나중에 성공회 선교학자인 롤런드 앨런(Roland Allen)의 저서를 통해 더 세밀하게 발전했고, 더 널리 알려지게 되었다. 그는 문화나 교육 수준과는 상관없이 회심자들 안에 거하시는 성령의 능력이라는 독특한 개념을 덧붙였다.

19세기와 20세기 초의 앵글로색슨 선교학에서 회심은 신학적이고도 전략적인 핵심 개념이었다. 그 개념은 고전적인 영적 부흥 운동의 유산에서 비롯되었고, 해외 선교 현장에서 고스란히 적용되었다. 미국의 국내 선교 본부는 하나님의 구원 사역을 통해 드러난 영적 법칙, 곧 미국에서 최근에 많은 효과를 거둔 영적 법칙이 성경에 계시되어 있으므로 시대와 장소를 초월하여 어떤 상황에든 적용할 수 있다고 믿었다.

그러다가 2차 대각성 운동의 결과로 변화가 일어났다. 이 부흥 운동은 1792년에 코네티컷 리버 밸리에 있는 마을들에서부터 시작되어 1830, 40년대에 가장 활발히 진행되었고, 그 여세를 몰아 20세기 초 빌리 선데이(Billy Sunday)의 전도 집회를 통해 정점에 이르렀다. 더불어 회심에 관한 견해가 변하는 여러 상황이 전개되었다. 첫째, 복음전도가 교회 밖에서 이루어졌다. (웨슬리와 휫필드의 경우처럼) 교회들이 동조하지 않았기 때문이라기보다는 그것이 완전히 새로운 형태의 복음전도로 자리 잡았기 때문이었다. 둘째, 옛 종교개혁 신학에서는 관심의 초점이 죄인의 무능력과 하나님의 주권적인 은혜에 맞춰져 있었으나, (펠라기우스주의와 아르미니우스주의처럼) 아무런 도움이 없이도 그리스도를 영접할 수 있는 죄인의 능력으로 초점이 옮겨졌다. 셋째, 개인을 상대로 하는 복음전도에서 대규모 군중을 상대로 하는 복음전도로 전환되었다. 새로운 신학을 비롯하여 훗날 널리 보급된 텔레비전이 그런 변화를 더욱 가속화했다. 게다가 인구의 증가로 인해 그런 변화가 불가피했다.

이러한 변화는 특히 두 사람과 관련되어 있었는데, 바로 찰스 피니(Charles Finney)와 드와이트 무디(D. L. Moody)이다. 특히 무디는 복음전도를 국제적 차원으로 끌어 올렸다. 세계 전역에서 복음전도가 이루어졌다는 뜻이 아니라, 한 사람이 지리적으로 멀리 떨어져 있는 여러 곳에서 복음을 전하게 되었다는 뜻이다.

무디의 전도 집회는 대형 천막에서 이루어졌는데, 준비의 시간, 메시지 전달, 결신 초청이라는 세 단계로 진행되었다. 준비의 시간에는 그의 동료 사역자들(특히 유명한 복음성가 가수인 아이러 생키[Ira Sankey])이 연단에 나와 주 강사인 무디에 대한 기대감이 가장 높아질 때까지 이따금 간단한 복음의 메시지를 곁들여 인기 있는 찬송가를 부르면서 사람들의 감정을 뜨겁게 달구었다. 그러고 나면 무디가 등장하여 회개하지 않은 죄인들에게 임할 엄격한 하나님의 심판과 신자들에게 주어지는 죄 사함의 은혜 중에서 하나를 선택하라는 메시지를 극적으로 전달하였다. 그는 정죄를 당해 지옥에 가야 할 운명에 대해 무시무시한 말로 경고했지만, 사람들은 절망하거나 냉소적인 태도를 취하지 않았다. 왜냐하면 설교자가 진정한 사랑으로 자기들의 구원에 깊은 관심을 기울이고 있다는 것을 역력히 느낄 수 있었기 때문이다. 무디의 설교는 그 자신마저도 눈물을 흘릴 수밖에 없을 만큼 간절했다.

그런 다음에, 무디는 피니처럼 청중에게 사람들이 보는 앞에서 즉시 결단하라고 촉구했다. 대부분 많은 사람들이 그의 초청에 응답하곤 했다. 그 결과는 상당히 안정적이었다. 그의 뒤를 이은 다른 복음전도자들의 경우와 비교하면, 믿음을 저버리는 사람들의 비율이 낮았다.

그러나 그런 접근 방식에 내재된 약점이 어느 정도 고스란히 드러날 수밖에 없다. 회심이 개인의 경험, 곧 인위적으로 조장할 수 있는 경험으로 축소된다면, 전체적인 신앙 체계의 일부가 아니라 오히려 거기에서 분리되는 결과가 나타날 수밖에 없다. 그런 경우에는 진리가 경험으로 대체되고, 그리스도께서 십자가에서 행하신 사역(객관적인 것)이 그분이 죄인들 안에서 행하시는 사역(주관적인 것)으로 바뀌며, 칭의는 없고 오직 중생이 복음의 전부가 되고 만다. 그렇게 되면, 회심의 객관적인 수단이 종적을 감추고, 복음전도자가 주관적 수단만을 의존하는 폐단이 생겨나기 마련이다. 다시 말해, 겸손히 죄를 뉘우치고 죄 사함이 흘러나오는 유일한 원천이신 주님을 온전히 의지하도록 이끌기보다는 많은 결신을 이끌어 내기에 급급해진다. 피니와 무디가 고안한 접근 방식을 따르다 보면 자연스레 이러한 결과가 나타난다. 그들은, 복음전도자가 간곡히 호소거나 영적 능력을 행사할 때 심령이 충분히 '무너져 내린(피니의 표현)' 사람이 즉각적이고도 진실하게 회심할 수 있다고 굳게 확신했다. 여기에서 오직 도덕적 설득만이 회심을 이끌어 낼 수 있다고 생각했던 17세기 아르미니우스주의의 사상이 되살아난 것을 확인할 수 있다. 아우구스티누스와 종교개혁자들과 청교도들은 로마서 8장 7-11절, 9장 14-24절, 에베소서 2장 1-10절, 요한복음 6장 43-45절과 같은 성경 구절들을 근거로 그런 견해를 거부했다. 그러나 복음전도자들은 종종 그런 확신에 사로잡혀 집회의 마지막 시간이 되면 결신을 강요하며, '그물로 잡아 올리고 수확하려고' 한다. 그러나 '결신'과 '헌신'은 진정한 회개와 믿음에서 비롯되고, 회개와 믿음은 죄를 책망하시는 성령의 사역을 통해 개인의 심령이 변화될 때에만 생겨나며, 그분의 사역은 우리가 마음대로 좌우할 수 없다. 따라서 그런 복음전도자들의 접근 방식은 사람들의 심리를 조종하려는 것이요, 그들을 잘못된 길로 인도하는 것이며, 진실성이 결여된 결과를 낳을 수밖에 없다. 그것은 마치 앞으로 나와 신앙 상담을 받거나 설교자가 요구하는 행동들을 하는 순간에 회심의 문제가 영원히 결정되는 것처럼 보이게 만들려고 애쓰는 것밖에 되지 않는다. 강단에서 그렇지 않다고 아무리 강조한다 해도, 그런 절차 자체가 그런 인상을 심어 줄 수밖에 없다.

물론 개중에는 대중 앞에서 믿음을 고백함으로써 과거와 온전히 단절하는 사람들도 있다. 죄를 책망하시는 하나님의 사역이 정점에 달해 내면으로부터 깊은 영적 고뇌를 느끼면서 믿음으로 그리스도를 붙잡는 순간에 그런 역사가 일어난다. 그러나 어떤 복음을 믿는지를 확인하는 것이 중요하다. 오늘날에는 공적으로든 사적으로든 성경의 기준에 미치지 못하는 내용과 요구가 담긴 메시지를 듣고서 결신하는 경우가 매우 흔하다.

  오늘날 우리는 좁은 의미의 회심을 전하는 설교에 익숙하다. 그러나 그런 설교는 사실상 교회가 전통적으로 감당해 온 복음 사역에 어긋난다. 우리는 회심이라는 말을 신앙생활 전체를 가리키는 의미로 사용할 경우에 처음 믿는 순간의 중요성이 축소되기 쉽다고 생각한다. 율법을 너무 오래 의식하며 고뇌하면 그리스도를 믿기로 결심하기가 어려워질 것이라고 염려한다. 또한 우리는 세계 인구가 폭발적으로 늘어난 현실에 놀라며, 우리 시대의 사람들에게 복음을 선포하기 위해서는 누구나 쉽게 믿을 수 있는 '새로운 방법'을 도입해야 한다는 논리를 펼치기도 한다. 그러나 만일 그런 생각과 논리를 앞세워, 사람들 스스로가 복음을 받아들여야 할 필요성을 느끼지 못하므로 그들에게 아무것도 요구할 수 없다고 생각한다면, 또한 복음전도자가 아무것도 제공하지 못하는 복음, 즉 고작 강렬한 자의식에 지나지 않는 신념을 강요하고, 우리 시대의 진정한 문제나 도전과는 전혀 상관없는 복음을 전할 뿐이라면, 확실히 말하건대 그런 복음은 더 이상 성경적인 복음이 아니다.

CHAPTER **5**

외부자의 회심 1
# 유대인과 무슬림

아랍과 이스라엘은 끊임없이 서로를 미워하며 폭력과 보복을 일삼을 뿐 아니라 심지어 전쟁까지도 불사한다. 그래서 어떤 사람들은 유대교와 이슬람교에 공통점이 전혀 없다고 생각한다. 그러나 사실은 그렇지 않다. 그들은 정치적으로 서로를 적대시하지만, 종교적 신념을 보면 (적어도 그 기원은) 비슷한 면모가 많다.

무함마드(Muhammad)도 이슬람교와 유대교의 유일신론이 유사하다는 것을 인정했다. 유대교(우리 하나님 여호와는 오직 유일한 여호와이시니 [신 6:4])와 이슬람교(그는 하나님, 곧 혼자이신 유일한 하나님이시라[수라 112:1])의 기본 신조는 매우 비슷하다. 예수님 당시의 유대인들이 신성 안에 여러 개의 인격이 존재한다는 개념에 반대했던 것처럼, 이슬람교도 기독교의 '삼위일체'를 삼신론으로 여겨 거부한다. 이슬람교는 온전한 초월자인 신을 공경하라고 강조한다. 또한 이슬람교와 유대교는 모두 천사를 하나님의 계시를 전달하는 대리자로 인정한다. 천사들이 모세에게 토라(Torah)를 전달했고(갈 3:19; 히 2:2 참고), 가브리엘 천사가 무함마드에게 코란(Quran)을 전달했다고 전해져 온다(수라 2:97,91 참고). 심지어 코란은 구약성경에 등장하는 신앙의 위인들(아브라함, 롯, 노아, 아론, 다윗, 솔로몬)을 선지자로 인정한다. 성경은 그들을 선지자로 분류하지 않지만, 유대교의 아가다(Aggada, 민간전승)도 나중에 그들을 선지자로 인정했다. 두 종교가 모두 미래의 심판을 예고하고, 독특한 공동체 생활을 유지한다.

이슬람교의 '움마(umma)'와 초기 유대교의 신정 체제도 매우 비슷하다. 둘 다 인간의 실존을 전인적 관점에서 바라보고, 공동체에 속한 사람들의 삶을 철저히 규제한다. 그들은 둘 다 신성한 것과 속된 것, 종교와 정치, 사적인 도덕과 공적인 도덕을 분리하지 않는다. 경전에 기록된 신의 명령과 거기에서 비롯된 율법이 삶의 모든 행위를 통제한다. 게다가 무슬림의 율법과 정통 유대교의 율법도 매우 유사하다. 예를 들어, 두 경우 모두가 정결 의식을 강조하고, '정한 것'과 '부정한 것'을 명시하며, 부정한 것을 정결하게 하는 의식과 음식에 관해 규정한다. 또한 둘 다 예배와 관련하여 의무와 방법(기도, 금식, 순례)을 제시하고, 공동체 생활을 규정하는 율법과 사회적 약자(고아와 과부) 및 결혼과 상속에 관한 율법을 가르친다. 메시아를 고대하는 유대교의 사상과 이슬람교의 마흐디(Mahdi, 완전한 정의와 의로 세상을 다스릴 것이라는 이슬람교의 구세주) 사상도 매우 흡사하다. 마흐디 사상은 특히 시아(Shia)파 신도들 사이에서 두드러지게 나타난다.

그 밖에도 두 종교는 제사장 제도의 개념과 관습의 측면에서도 공통점이 많다. 유대교는 제사장의 의무를 확실히 명시한다. 한편 이슬람교는 인간과 신을 중재하는 특정한 중보자나 제사장의 직임을 인정하지는 않지만, 사실상 다양한 범주의 무슬림 지도자들(이맘, 가디, 카팁)이 제사장과 같은 기능을 수행한다. 이 지도자들은 개종자를 이슬람교도로 받아들이고, 배교자를 쫓아낸다. 그들은 공공 예배를 주관하고, 두 번의 큰 절기에 희생 의식을 거행하며, 할례식과 결혼식과 장례식을 인도한다. 시아파가 섬기는 숨은 이맘(Hidden Imam)과 후사인(Husayn), 셰이크(sheikhs), 왈리(walis), 민속 이슬람교의 피르(pirs)를 비롯하여, 특히 무함마드와 같은 몇몇 존재에게 부여된 중보적인 능력도 중요하게 간주된다.

유대교와 이슬람교가 가진 기독교와의 유사점을 고려할 때, 유대교인은 기독교로 개종함으로써 자신의 진정한 유대교적 뿌리를 완성하고, 무슬림은 개종함으로써 참된 무슬림('무슬림'은 신에게 '복종하는 자'라는 뜻이다)의 이상을 이루게 되는 것일까? 이슬람교의 부족한 부분이 복음을 통해 완성되는 것일까? 인간의 방법으로 이룰 수 없는 (유대교의 이상과 매우 흡사한) 이슬람교의 이상이 복음을 통해 비로소 실현되는 것일까? 사실 기독교로 개종한 무슬림들은 많은 경우 이전과 똑같은 신을 섬기면서 비로소 그분의 본성을 더욱 온전히 이해하게 되었다고 생각한다.

앞의 구분을 적용한다면, 유대교인과 무슬림의 회심은 '내부자의 회심'에 해당할까, '외부자의 회심'에 해당할까? 과연 유대교인이나 무슬림은 복음이 마지막 퍼즐 조각이 될 만큼 충분한 지식을 소유하고 있을까? 아니면 유대교와 이슬람교의 신앙 체계가 전반적으로 오류에 치우친 탓에, 기독교로 회심하려면 전혀 새롭게 출발해야 하는 것일까?

이런 질문에 단정적으로 대답하는 것은 현명하지 않다. 왜냐하면 무슬림이나 유대교인의 개인적인 믿음에 따라 다양한 양상이 나타나기 때문이다. 흔히 생각하는 것과는 달리, 이슬람교는 단일체로 통합된 종교가 아니다. 이슬람교는 크게 수니(Sunni)파와 시아파로 나뉜다. 그리고 그 둘도 각각 정통 무슬림, 민속 무슬림, 수피(Sufis)교와 같은 분파로 나뉜다. 더욱이 이슬람교는 본질상 혼합주의적인 양상을 띤다. 무함마드 시절 이후, 이슬람교가 발생하기 전에 존재했던 아랍 부족의 정령숭배적 신앙의 특성이 많이 유입되었다. 예를 들어, 인도네시아의 무슬림은 정도의 차이가 있긴 하지만, 힌두교나 불교, 신비주의, 전통 종교(정령숭배)의 요소를 받아들였다. 인도나 방글라데시, 파키스탄, 말레이시아, 아프리카의 무슬림 마을들도 사정은 다르지 않다. 사실상 무슬림 인구의 70%가 정통 이슬람과는 다르게 민간 신앙의 영향을 많이 받아 왔다.

유대교도 정통주의에서부터 보수주의, 진보주의에서 재건파에 이르기까지 신앙과 관습이 천차만별이다. 더욱이 유대교가 현대 사상에 큰 영향을 받았다는 사실은 매우 중요하다. 서구 사회의 많은 유대인들이 세속주의를 받아들였다. 그들은 유대교인을 자처하지만, 사실상 그들의 신앙과 관습은 구약성경의 계시를 크게 벗어났다. 그들은 모든 면에서 볼 때 외부자에 속한다. 그들은 세속주의자들이다.

유대인과 무슬림이 내부자인지 외부자인지를 단정적으로 말하기 어렵다는 점은 그다지 중요하지 않다. 중요한 것은, 그들의 신앙이 삶과 따로 떨어져 존재하지 않는다는 것이다. 대다수 서구인들의 신앙과는 달리, 유대인과 무슬림의 신앙은 공동체성, 정체성, 민족성과 같은 개념과 떼려야 뗄 수 없는 관계에 있다. 그러하기에 기독교로 회심하는 것은 일반적으로 단지 신념을 바꾸는 차원이 아니라 공동체와 정체성과 민족성에 대한 공격으로 간주된다. 유대교인이나 무슬림에게 복음이 미치는 영향을 논의할 때는 반드시 이 점을 고려해야 한다.

## 공동체 안에서의 생존

유대인의 역사는 생존의 역사이다. 2차 세계대전 당시에 나치가 유대인을 말살하려고 했을 때 생존을 위한 투쟁이 가장 치열했지만, 굳이 그때가 아니더라도 유대인의 삶과 의식 가운데서 잠시라도 생존을 위한 투쟁이 중단된 적은 한 번도 없었다. 기독교인과 무슬림의 영향권 아래에서 소수였던 유대인들은 '손님'이 아니라 '쓸모 있는 이방인'으로 간주되었다. 그들의 생존은 매우 불확실했다. 18세기 전까지는 유대인을 시민으로 간주해 동등한 법적 보호를 보장하는 나라가 어디에도 없었다. 그래서 유대인들은 소수로서 생존하는 법을 터득해야 했다. 그들의 생존 전략 가운데 가장 중요한 것은 다수의 비위를 건드리지 않고서 자신들을 개종시키려는 시도를 거부하는 것이었다. 그들은 거부를 위한 강력한 무기로서 은근한 비웃음을 선택했다. 속으로는 경멸하면서도 겉으로는 농담을 가장한 조롱 섞인 웃음을 짓는다. 이것은 자신이 받아들이고 싶지 않은 개념들을 거부하는 효율적인 방법이 아닐 수 없다.

물론 유대인들은 회심을 권유하는 사제들을 대놓고 비웃을 수 없다. 왜냐하면 사제들은 종종 세속 당국의 보호를 받고 있기 때문이다. 신성 모독을 이유로 내전이 일어날 수도 있다. 그래서 랍비들은 유대인이 기독교를 받아들일 수 없다는 것을 보여 주기 위해 몇 가지 기발한 논증을 펼치기도 했다. 그들은 삼위일체와 성육신, 대리속죄, 신약성경의 완전성과 같은 기독교의 핵심 교리가 히브리 성경에 대한 유대인의 이해와 조화될 수 없다고 역설했다. 기독교인들은 조심스럽게 그런 주제에 대해 설명할 준비를 하고 나섰지만, 아무리 잘 준비하여 논리적으로 설명해도 도무지 랍비들을 설득할 도리가 없다는 것을 깨닫고 크게 실망했다. 기독교 학자들은 성경에서 발견한 교리의 진실성을 논증하는 방법으로는 복음을 거부하는 유대인들을 설득할 수 없다는 사실을 이해하지 못했다. 한마디로, 유대인들은 성경에서 묘사하는 대로 '목이 뻣뻣하고 마음이 강팍한' 사람들이다.

유대인과 기독교인들이 모두 조심스럽게 논쟁에 대비했지만, 사실 그들이 공식적으로 논쟁한 경우는 그리 많지 않다. 때로는 교회의 칙령이 유대인들을 억지로 공식적인 논쟁의 장으로 끌어들였다. 주교들은 칙령을 내려 유대교 지도자들에게 기독교의 진리를 인정하도록 강요했다. 그러나 유대인들은 자신들을 보존하기 위해 항상 자신들의 신앙을 굳게 지키는 것을 수단으로 삼았다. '게토(소수 민족들이 모여 사는 빈민가)'는 원래 유럽의 도시들에서 살아가는 유대인들의 집단 거주지를 가리키는 말이었다. 그런 삶의 형태가 중세 시대에 시작되어 오늘날까지 이어져 왔다. 사람들은 일반적으로 같은 민족이면서 같은 지역에 사는 사람들이 같은 종교를 가지고 있을 것이라고 예상한다. 그런 예상은 비단 유대인들뿐만 아니라 유럽에 있는 다른 집단의 사람들에게도 많은 문제를 일으켰다. 예를 들어, 다양한 종교가 공존했던 폴란드[1]에서는 많은 마을들이 서로 상거래를 회피하거나 교류하지 않았다. 로마 가톨릭 신자들이 대다수 도시와 마을을 장악했고, 러시아 정교회 신자들이 동부 국경 지대의 대부분을, 그리고 루터교 신자들이 프로이센 국경 지대를 차지했다. 심지어 큰 도시의 경우에는 같은 종교를 가진 사람들끼리 모여 사는 지역들로 나뉘기도 했다.

차르(Czar)의 법률은 다양한 소수 민족의 권리를 인정했지만, 유독 유대인들의 권리만은 제대로 보장하지 않았다. 러시아의 대도시들은 대부분 유대인 '출입 금지' 구역이었다. 물론 유대교 자체가 유대인과 비유대인을 구별한다. 유대교의 율법은 유대인들에게 유대인 공동체를 구성하도록 요구하고(예배 정족수를 채우려면 유대인 열 명이 필요하다), 안식

---

[1] 홀로코스트(holocaust, 유대인 대학살) 이전에 유럽 국가 가운데 유대인이 가장 많이 살았던 나라는 폴란드였다. 그 숫자는 대략 350만 명에 달했다.

일에 2,000규빗(약 1km) 이상의 거리를 여행하는 것을 금지했으며, 반드시 유대교의 율법에 따라 처리한 짐승의 고기만을 사 먹도록 제한했다. 유대인들은 다수의 종교가 그들을 배척하는 것에 개의치 않고, 나름대로 공동체를 형성해 자신들의 율법이 요구하는 바에 복종했다.

유대인 공동체에 따라 제각기 자신들의 역사와 경험을 반영하는 문화가 조금씩 달랐지만, 그들은 모두 유대교와 민족의 정체성을 토대로 굳게 결속했다. 이 공동체들은 유대인만을 받아들이고 이방인을 배척했다. 동시에 그들은 주변의 다른 공동체의 문화를 어느 정도 흡수했다. 예를 들어, 1492년에 스페인과 포르투갈에서 추방된 유대인들은 다른 지중해 연안의 국가들로 이주했지만, 여전히 스페인어에서 파생한 방언인 라디노(Ladino)어를 사용했다. 한편 유럽 중부와 북부에 사는 유대인들은 독일어에서 파생한 이디시(Yiddish)어를 사용했다. 유대인 공동체들은 저마다 먹는 음식과 풍습이 조금씩 달랐고, 절기도 다른 방식으로 지켰다. 주변 문화의 영향을 받아 결혼 예식도 서로 달랐다. 기독교를 믿는 나라에 사는 유대인들은 일부일처제를 준수했지만, 탈무드(Talmud)에 일부다처제를 금지하는 율법이 없기 때문에 무슬림이나 파시(Parsi)교도 사이에서 살아가는 유대인들은 일부다처제를 허용했다.

유대인이 된다는 것은 곧 유대인의 공동체 안에서 살아간다는 의미이다. 왜냐하면 유대인들은 자신의 공동체 안에서만 종교적 정체성을 지킬 수 있다고 생각하기 때문이다. 그들은 (상상으로든 실제로든) 반(反)유대주의를 두려워했기 때문에 자신들의 공동체 밖에서 사는 것을 끔

찍하게 여겼다. 회심에 대한 유대인의 이해는 유대교로 개종하는 이방인들에 관한 랍비들의 가르침에 기반을 두었기 때문에, 유대인들은 기독교로 개종한 유대인들에게도 그와 똑같은 원리가 적용될 것이라고 생각했다. 룻이 에돔에 있는 일가친척을 버리고 떠난 것처럼, 그들은 유대교로 개종하려는 이방인에게 이전의 종교와 가족과 유산과 민족을 완전히 포기하라고 요구했다.

미슈나(Mishnah)와 탈무드 시대의 랍비들은 유대교로 개종하는 것에 관한 절차와 규정을 발전시켰다. 그들에게 유대교로 개종한다는 것은 그저 믿음을 새롭게 발견한다는 의미가 아니었다. 그것은 전혀 다른 종교를 믿는 새로운 공동체에 합류한다는 의미였다. 유대교로 개종하는 것은 일종의 법적 절차나 다름없었다. '오직 믿음으로!'라는 원리는 존재하지 않았다. 개종하는 사람과 하나님과의 관계는 믿음과 헌신과 확신의 문제일지 몰라도, 랍비들은 그것을 성경과 유대교의 율법이 정한 규칙에 따라 이스라엘과 관계를 맺는 것으로 파악했다. 바빌로니아(Babylonian) 탈무드는 회심의 절차를 이렇게 설명한다.

우리의 랍비들은 이렇게 가르친다. 누군가가 개종을 원한다면 이렇게 질문하라. "개종하려는 이유가 무엇인가? 이스라엘이 지금 박해와 억압과 멸시와 학대와 온갖 고초를 겪고 있는 것을 모르는가?" 만일 그가 "압니다. 그러나 저는 참으로 부족하기만 합니다"라고 대답하면, 즉시 받아들여 작은 계명과 큰 계명 몇 가지를 가르치라. '이삭을 줍게 하고 곡식 단을 떨어뜨려 놓고 밭 구석의 곡식을 거두지 말라'는 계명을 어긴 죄와 가난한 자를 위한 십일조나 계명을 어길 때 당하게 될 형벌에 대해 알려 주라. 또한 이렇게 말하라. "개종하기 전에는 쇠기름을 먹어도 '카렛(kareth, 유대인과 단절되는, 곧 파문되는 형벌)'을 당하지 않고, 안식일을 더럽혀도 투석형을 당하지 않았지만, 이제부터는 쇠기름을 먹으면 카렛을 당하고, 안식일을 더럽히면 투석형을 당할 것이다."

또한 계명을 어기면 형벌을 당하고, 계명을 지키면 보상을 받는다고 가르치라. "장차 다가올 세상은 오직 의인들만을 위한 것이다. 이스라엘이 현세에서 번영하든 고난을 당하든 그것은 그다지 중요하지 않다"라고 말하라. 그러나 너무 많은 말로 설득하거나 종용할 필요는 없다. 만일 그가 동의하면, 즉시 할례를 베풀라……상처가 다 아물거든 곧바로 세정 의식(침수 세례)을 준비하라. 세정 의식을 베풀 때는 학식 있는 두 사람이 그의 곁에 서서 작은 계명과 큰 계명 몇 가지를 일러 주어야 한다. 그가 세정 의식을 하고 나면 모든 점에서 이스라엘 사람과 동일하게 간주해야 한다.

여자가 개종할 경우에는 앉은 채로 물이 목까지 이르게 하고, 학식 있는 사람 두 명이 밖에 서서 그녀에게 작은 계명과 큰 계명 몇 가지를 가르쳐야 한다(47:a-b).

여기에서 곡식 단과 가난한 자를 위한 십일조에 관한 율법을 언급하는 이유는, 개종하는 것이 룻의 이야기와 룻이 나오미에게 했던 고백(어머니의 백성이 나의 백성이 되고 어머니의 하나님이 나의 하나님이 되시리니 [룻 1:16])이 함축하는 것과 같은 의미를 지닌다는 것을 가르치기 위함이다. 이 개종의 과정은 단순해 보이지만, 유대인의 율법과 관련해 많은 효력을 일으킨다. 그래서 오늘날 이스라엘에서는 비정통적인 랍비들을 통해 개종한 경우에 그 정당성을 인정할 수 있는지에 관한 논란이 매우 뜨겁다. 모든 요구 조건을 충족하고, 적법한 랍비들을 통해 전통적인 절차에 따라 개종한 사람만이 유대인 공동체에 참여할 자격을 얻는다. 유대인 공동체의 일원이 된다는 것은 자신의 가족과 민족과의 관계를 포기한다는 의미이다. 이것이 전통적인 정통파 랍비들의 기준이다. 보수파와 진보파 유대인들의 기준은 이보다 조금 더 관대하다.

유대교로 개종하는 사람들은 가족과의 관계를 끊고 새로운 백성의 일부가 되어야 한다는 요구 조건을 충족시켜야 한다. 그래서 유대인들은 기독교로 개종할 때도 당연히 유대 민족과 관계를 끊어야 한다고 생각한다. 1978년, '크네세트(Knesset, 이스라엘의 국회)'는 선교사들이 이스라엘 안에서 유대인들을 돈으로 매수해 기독교로 개종하게 하는 행위를 범죄로 규정하는 법률을 통과시켰다. 그런 조치까지 취해야 할 만한 이유가 있는지는 매우 의심스럽다. 이 법률은 이스라엘의 국회가 복음적인 회심의 본질을 잘못 이해한다는 점을 드러낼 뿐만 아니라, 회심 때문에 민족의 숫자가 줄어들까 봐 우려하는 그들의 심리를 여실히 보여 준다. 그들은 기독교로 회심한 유대인을 더는 유대인으로 보지 않는다.

일부 랍비들은 기독교로 개종한 유대인을 죄인으로 여기고 교제하지 않음으로써 그들을 배척하라고 가르친다. 기독교로 회심한 유대인은 유대인으로서 갖는 특권을 모두 상실하고, 유대인 공동체의 활동에 참여할 권리도 박탈당한다. 그런데도 그에게는 여전히 유대인으로서 모든 의무를 감당해야 할 책임이 있다. 물론 그는 그런 의무를 감당할 수 없으며, 따라서 그의 죄가 더욱 커지는 것이다. 기독교로 회심한 유대인은 한편으로는 예수님을 믿는다는 이유로 배척당하고, 다른 한편으로는 유대인 공동체를 떠났다는 이유로 랍비들에게 정죄당한다. 결국 회심자는 절대적으로 불리한 상황에 처할 수밖에 없다.

기독교로 개종하는 것이 유대인의 공동체를 해칠 것이라는 두려움은 다음의 몇 가지 사실들과 밀접하게 관련되어 있다. 첫째, 유대인들은 이미 민족의 숫자가 심각하게 줄어드는 현실에 직면해 있다. 슈멜즈(U. O. Schmelz)와 세르지오 델라 페르골라(Sergio Della Pergola)에 따르면, 전 세계 1,300만 명의 유대인이 인구 증가율 0%를 기록했다고 한다. 주된 원인은 낮은 출산율이었다. 한 연구 조사는 영국의 유대인 숫자가 1960년대와 1970년대 사이에 41만 명에서 35만 4천 명으로 줄어들었다고 밝혔다. 온갖 고난을 겪으면서 오랫동안 생존해 온 유대 민족에게는 참으로 걱정스러운 현상이 아닐 수 없다.

둘째, 비유대인과 결혼하는 것이 세계적인 추세가 되었다. 프랑스 유대인 인구의 절반이 거주하고 있는 파리의 경우, 비유대인과의 결혼률이 50%에 달한다. 미국의 경우에는 1971년에 비유대인과 결혼하는 비율이 32%였다가 1976년에 40%로 증가했고, 지금도 여전히 증가하는 추세이다. 중남미에서는 비유대인과의 결혼률이 이보다 훨씬 더 높다.

셋째, 유대인 공동체에 대한 불만이 증대되고, 거기에 흡수되지 못하는 문제가 계속 발생하고 있다(아마도 이것이 유대인의 경각심을 자극하는 가장 주된 원인일 것이다). 유대인답게 살지 못하거나 동료 유대인과 관계를 맺고 살지 못하는 유대인이 너무나 많다. '히브리 연합 대학(Hebrew Union College)'의 학장인 알프레드 고트샬크(Alfred Gottschalk)는 "미국의 유대인 중 절반 이상이 유대인 공동체 생활을 하지 못하고 있다"라고 밝혔다. 회당 예배에 참석하는 일과 다른 유대인 조직체에 소속되는 일에서도 마찬가지이다.

유대인의 관점에서 보면, 종교는 다문화적 차원의 문제가 아니라 자아와 가족과 공동체와 민족을 바라보는 독특한 세계관의 문제이다. 그러므로 유대인에게 그리스도를 믿으라는 것은 단지 그분을 영접하라는 것이 아니라, 유대적인 요소와 가족과 민족을 모두 포기하라는 요구라고 할 수 있다. 이것은 나치의 위협 못지않게 치명적이다. 랍비들에 따르면, 유대인을 죽이는 방법이 두 가지가 있다고 한다. 하나는 그의 몸을 죽이는 것이고, 다른 하나는 다른 종교로 개종시키는 것이다.

이슬람 공동체의 경우에도 유대교의 체제와 놀라울 정도로 비슷하다. 이슬람 민족에게는 생존의 문제가 별로 심각한 것이 아니며, 그들의 역사도 유대교의 역사와는 사뭇 다르다. 그러나 이슬람교도가 기독교 세례를 받으면, (유대교와 마찬가지로) 그 즉시 이슬람의 강제력이 발동하기 시작한다. 잘 알다시피, 세례는 그리스도와 연합한다는 것을 공식적으로 선언하는 의미를 지닌다. 즉, 세례는 믿지 않는 사람들로부터 자신이 구별되었다는 것을 알리는 표징이다. 이것은 윤리적 행위와 삶의 방식이 변하는 것으로 이어지면서 더욱 분명하게 드러난다.

이슬람 공동체는 이런 변화를 도덕적인 것이 아니라 신분상의 변화로 해석한다. 기독교로 개종한 사람은, 이슬람교를 온전하고도 최종적인 권위를 지닌 종교적 진리로 받아들이지 않고, 이슬람 공동체로부터 탈퇴한다. 세례는 그리스도의 죽음과 부활을 구원의 근거로 인정하고 받아들인다는 것을 상징한다. 그런데 이슬람의 율법은 배교를 사형에 해당하는 이단적 행위로 규정한다. 따라서 기독교로 개종한 사람은 공동체 생활의 모든 이익(경제적, 물질적, 법적, 사회적, 심리적 지원 체계)을 박탈당하고, 더 이상 존재하지 않는 '죽은' 사람으로 간주된다. 심지어 때로는 장례식이 거행되기도 한다.

## 교리의 문제

공동체를 중시하는 유대교와 이슬람교의 입장에서 보면, 복음을 받아들이는 것은 언제나 사회적, 문화적 상관관계에 큰 변화를 가져오기 마련이다. 특히 무슬림은 기독교 신앙을 이방 문화의 연장선으로 받아들인다. 그들은 기독교를 서구 문화, 식민지 지배, 약탈, 제국주의와 동일하게 취급한다. 그래서 소위 기독교 사회라는 서구 사회의 도덕적 타락을 강력히 거부한다. 왜냐하면 그런 삶은 무슬림의 경건한 신앙에 어울리지 않기 때문이다.

유대교와 이슬람교의 신앙 체계는 서로 다르지만, 히브리서에 언급된 유대인 기독교 신자들과 현대 무슬림 사이에서 흥미로운 유사점을 발견할 수 있다.

히브리서에 나오는 유대인 기독교 신자들은 세 가지 중요한 측면에서 기독교를 오해했다. 첫째, 그들은 기독론의 차원에서 예수님을 최종적인 권위를 지닌 하나님의 중보자로 인정하지 않았다. 그들은 천사들(히 1:4-2:18 참고)과 모세(히 3:1-6 참고)를 중요하게 여겼고, 그들에게도 예수님과 똑같은 신분과 역할이 주어졌다고 믿었다. 둘째, 구원론의 차원에서 그들은 그리스도께서 감당하신 희생의 효력과 중보자로서의 능력을 온전히 받아들이지 않았다. 그래서 여전히 레위기에 명시된 제사장 제도와 희생 의식을 고수했다(히 4:14-5:11, 7:1-10:39 참고). 그들은 믿음만으로 구원받는다고 생각하지 않고, 정결법과 안수 의식과 여러 가지 음식법을 준수했다(히 6:1,2, 9:10,14, 13:9 참고). 마지막으로, 교회론의 차원에서 그들은 기독교 공동체에 온전히 참여하지 않았다. 기독교 공동체 안에 화합할 수 없는 요인(아마도 소수의 비유대인 신자들, 히 13:17 참고)이 있다고 인식했기 때문이다. 또한 박해를 피하려는 의도도 있었다(히 12:1 이하 참고).

이런 세 가지 오해는 유대인 기독교 신자들이 유대교의 신념과 관습을 기독교 신앙에 적용하려고 한 데서 비롯되었다. 히브리서 기자는 그런 그들에게 그리스도의 인격과 사역의 의미를 올바로 이해하고, 그들의 신념을 지탱해 온 종교 의식을 버리라고 당부했다. 그리고 유대교와의 관계를 확실하게 끊고 그리스도의 몸에 참여하라고 권고했다.

오늘날의 무슬림 역시 이러한 초기 유대인 신자들과 서로 매우 다르면서도 몇 가지 비슷한 측면을 가지고 있다. 이슬람교에서 믿었던 신념들 중에는 그리스도를 영접한 후에도 버리지 않고 그 의미를 더 깊고 온전하게 발전시켜야 할 것들이 있다. 이렇게 연속성을 지니는 요소들은 유일하신 참 하나님, 천사들, 선지자들, 계시된 경전(이 경우에는 코란을 버리고 성경을 받아들여야 한다), 심판, 하나님의 주권을 믿는 믿음 등이다.

그러나 그 외의 신념과 관습은 버리는 것이 바람직하다. 여기에는 이슬람교가 요구하는 강제적 의무(din, 딘)들이 포함된다. 구체적으로 말하면, 신조 암송(Shahada, 샤하다["하나님 외에 다른 신은 없다. 무함마드는 하나님의 선지자이다"]), 하루 5회 기도(salat, 살라트), 구제(zakat, 자카드), 성지 순례(Hajj, 하지), 금식(Ramadan, 라마단), 그리고 성전(jihad, 지하드)이다. 물론 이런 의무들은 성경에서도 일부 발견된다(사실 이들 가운데 일부는 성경에서 기원했다고 말해야 옳을 것이다). 그러나 무슬림이 그런 의무를 행하는 이유는 성경이 가르치는 이유와 근본적으로 다르다. 기독교인들의 영적 행위는 구원의 열매이자 결과이다. 그러나 무슬림은 하나님 앞에서 공로를 쌓을 목적으로 선한 일을 한다. 그들은 선을 행함으로써 긍휼과 용서를 얻어 지옥으로부터 구원받기를 기대한다. 그들은 그런 의무들이 일상생활 속에서 신앙을 표현하는 것이 아니라 구원론적 의미를 지닌다고 믿는다.

그렇다면 기독교로 개종한 무슬림은 그런 종교적 의무들에 대해 과거에 이슬람교를 믿을 때 부여했던 의미를 배제할 수 있을까? 그와 비슷한 상황에 처했던 히브리서의 수신자들처럼, 기독교 신앙의 근본 원리를 정확하게 이해하지 못한 채 종교적 의무를 계속 행할 위험은 없을까? 어쩌면 참된 기독교인도 아니고 진정한 무슬림도 아닌, 어정쩡한 상태에 머무는 결과가 나타날 수도 있다. 때로는 이슬람교와 유대교와 기독교 사이의 유사성 때문에 다른 종교를 가진 사람들보다 좀 더 자연스럽게 개종할 수 있을 것처럼 생각되기도 한다. 그러나 히브리서의 수신자들을 살펴보면, 전혀 그렇지 않다는 것을 알 수 있다. 오히려 전에 믿었던 종교적 전통과 기독교 신앙 사이에 비슷한 점이 많을수록, 불완전하고 실속 없는 회심이 일어날 위험이 매우 커진다.

## 유대인과 무슬림권에서의 복음전도

이것은 가장 문제가 되는 세 번째 논의로 자연스레 이어진다. 이 논의는 "그리스도의 복음을 믿으려면 무엇이 필요한가?"라는 물음과 관련된다. 여기에서 종교개혁자들이 '형상과 질료의 원리'라고 일컬었던 것과 관련된 '권위의 원천과 구원'이라는 어려운 문제가 제기된다.

첫째, 무슬림은 성경이 온전하지 않다고 생각하며, 그것을 진리의 원천으로 인정하지도 않는다. 그들은 코란을 신성한 말씀으로 받아들인다.

그들은 코란이 다른 모든 계시보다 우월하며, 필요하다면 다른 모든 계시를 폐기해야 한다고 주장한다. 이런 원칙은 특히 모세오경(토라), 다윗의 시편(Zabur, 자불), 예수의 복음서(Injil, 인질) 및 유대교와 기독교의 경전에 적용된다.

둘째, 무슬림은 기독교가 말하는 삼위일체가 하나님, 예수님, 마리아로 이루어져 있다고 오해하고 있다. 그들은 삼위일체 교리를 삼신론으로 간주하고는 거부한다. 이런 신념은 결국 성육신을 받아들일 수 없게 만든다. 이슬람교에서 가장 큰 죄는 인간을 신으로 높이는 우상숭배(셔크)이다. 그렇다면 그들에게 예수님은 누구인가? 무슬림은 예수님을 훌륭한 선지자이지만 무함마드보다는 못한 존재로 생각한다.

그리스도의 신성을 부인하는 이슬람교의 신념은 자연히 그분의 십자가 사역을 부정하는 것으로 귀결된다. 이슬람교는 두 가지 이유로 그리스도의 대속 사역이 필요 없다고 주장한다. 첫째, 이슬람교에는 원죄의 개념이 없다. 즉, 인간이 본질적으로 선하기 때문에 가르침을 받아 올바르게 행하는 법을 깨우치는 것으로 충분하다는 것이다. 둘째, 하나님은 자신의 주권으로 죄를 사하신다. 즉, 하나님이 용서하시거나 용서하지 않으시는 것은 모두 그분의 뜻이라는 것이다. 이런 신학적인 문제들은 차치하더라도, 무슬림은 하나님이 자신의 선지자가 십자가에서 처형되는 치욕을 당하도록 절대 허락하지 않으신다고 믿기 때문에 십자가를 인정할 수가 없다.

이처럼 죄의 문제와 그리스도는 무슬림과 기독교 복음 사이를 가로막는 교리적인 걸림돌이다. 무슬림에게는 죄의 확신이라는 것이 없다. 따라서 죄는 그들이 그리스도께로 돌이키는 동기가 될 수 없다. 무슬림은 원죄 교리를 믿지 않으며, 구원이 대부분 인간의 노력에 따라 결정된다고 가르친다. 무슬림 문화는 죄책이 아닌 수치를 강조할 뿐이다. 가장 귀한 가치를 지닌 것은 명예이며, 특히 알라(Allah)의 명예를 보존하는 것이다. 선을 행함으로써 용서를 구하는 것도 개인의 잘못을 덮기 위한 것이라기보다는, 알라의 거룩하심을 욕되게 한 죄를 속죄하기 위한 것이다.

성경은 문화와 종교에 상관없이 모든 사람들에게 오직 예수님만이 하나님께 복종하는 유일한 길이요 수단이라고 가르친다. 성경에 따르면, 예수님은 우리가 복종해야 할 하나님이시다. 그런 관점으로 예수님을 바라보지 않는 한, 그 어떤 무슬림도 구원 신앙에 도달할 수 없다.

무슬림이 그런 식으로 예수님을 바라보기 위해 바꾸어야 할 생각은 저마다 조금씩 다를 수 있다. 구체적으로 살펴보자면, 수니파(정통) 무슬림은 무함마드가 아니라 예수님을 '삶과 믿음을 위한 진리의 원천'으로 인정해야 한다. 여기에는 코란 대신 성경을 받아들이는 것도 포함된다. 시아파 무슬림은 후사인이 아니라 예수님을 '죄인들을 위한 대속물이요 하나님 앞에서 중보하시는 분'으로 인정해야 한다. 토속(혼합주의적이고 정령숭배적인) 무슬림은 예수님을 '악의 세력과 마귀의 영향력에서 인류를 해방시키는 하나님의 능력'으로 받아들여야 한다. 정령숭배적인 세계관이 지배하는 사회는 마귀의 활동을 인간의 영적, 심리적, 정신적 영역으로만 국한하지 않고, 육체적이고도 물리적인 영역(질병, 사고, 경제적 재난, 농사 실패, 자연 재앙 등)으로까지 널리 적용한다. 수피교(신비주의) 무슬림은 예수님을 '하나님과 연합할 수 있는 유일한 길이요 궁극적인 영적 진리의 원천이자 하나님의 사랑을 경험할 수 있는 통로'로 인정해야 한다.

몇 가지 명백한 차이는 있지만, 앞에서 무슬림에 관해 언급한 내용 가운데 일부는 유대인에게도 똑같이 적용될 수 있다. 그러나 어느 쪽이 되었든, 복음은 변화를 요구한다. 무슬림과 유대인 모두가 예수님을 선지자가 아닌 약속된 메시아(그분의 통치는 이미 시작되었다)로, 또한 성부 하나님께로 나아가는 유일한 길이자 우리의 죄를 속량해 성령으로 새롭게 된 공동체로 인도하시는 분으로 인정해야 한다. 누구든지 오직 그리스도를 통해서만 의와 사랑이 넘치는 새로운 삶을 살 수 있다. 유대인과 무슬림에게는 복음이 가르치는 그리스도를 인정하기 힘든 특별한 어려움이 있다. 그러나 복음을 믿지 않으면, 하나님께 인정받을 수 없다.

유대인과 무슬림이 예수님을 메시아요 대속자이자 주님으로 받아들이려면, 단지 종교적 영역에서만이 아니라 사회적, 관계적 영역, 심지어 경제적 영역에서까지 어려움을 당할 각오를 해야 한다. 기독교 신자가 되어 세례를 받음으로써 믿음을 공식적으로 선언하는 것은, 가족과 민족을 포기한다는 의미이다. 그래서 개인적으로 배척당하고, 집과 일자리를 잃으며, 사회적으로 내쳐질 수도 있다. 따라서 그들의 세계에서 복음을 전하는 선교사들은, 기독교 복음을 받아들인다는 이유로 친밀했던 모든 사람들에게서 버림받게 될 개종자들에 대해 어느 정도 책임을 감당해야 할 것이다.

CHAPTER **6**

외부자의 회심 2
# 힌두교 신자와 불교 신자

  힌두교와 불교는 고대부터 고도로 발달해 온 종교이기 때문에 분석하기가 그리 쉽지 않다. 그 종교들은 매우 복잡할 뿐 아니라 각각 독특한 문화적 발전을 이룩했기 때문에 그 문화와 따로 떼어 이해하기는 매우 어렵다. 더욱이 두 종교 모두가 흐릿한 사고방식(명확하게 구분 짓는 것을 바람직하지 않게 생각하고, 진리를 끝없는 연속체로 생각하는 사고방식)에 근거를 두고 있으며, 신 곧 초월적인 존재가 인간의 지식과 정의를 초월한다고 믿는다. 한편에 기독교와 이슬람교가 있다면, 다른 한편에는 힌두교와 불교가 있다. 양 진영의 괴리는 참으로 크다. 동은 동이고 서는 서인 까닭에, 두 문화권이 만나려면 큰 어려움이 뒤따를 수밖에 없다.

# 경계선이 없다

## 힌두교

앞에서 기독교 신앙이 제한적 사고방식과 관계적 사고방식을 요구한다는 점을 살펴보았다. 기독교 신앙은 옳은 것과 그른 것, 진리와 거짓을 명확하게 구분한다. 기독교는 복음을 동의해야 할 진리로 제시한다. 말씀의 성육신, 우리의 죄를 대신하여 죽으신 그리스도, 하나님 앞에서의 죄책, 은혜의 의미와 믿음의 역할 등의 진리를 배제한 복음은 성경적인 복음이 아니다. 복음은 경계선이 분명한 진리이다. 즉, 다른 진리와의 경계가 명확하다. 물론 복음은 단지 믿어야 할 진리에 그치지 않는다. 복음은 그리스도를 인정하고 믿고 경배하고 섬기라고 요구한다. 이것이 복음의 핵심이다. 기독교 신앙은 죄인에게 진리의 경계선 안으로 들어와 주님께 복종하고, 그분께 온전히 충성하라고 요구한다. 이처럼 복음은 경계와 중심점을 명확하게 제시한다. 그러나 힌두교와 불교의 사고방식은 이와는 사뭇 다르다.

힌두교 신자들에게 종교는 진리를 받아들이거나 의식에 참여하는 차원의 문제가 아니다. 그들이 생각하는 종교란 '깨달음(darsana, 다르사나)을 주는 현실의 경험(anubhava, 아누브하바)'이다. 힌두교 신자들은 힌두교를 교리적 신조가 아니라 방대하고도 복잡한 영적 사상과 깨달음이 미묘하게 통합되어 있는 체계로 생각한다. 그들의 인생에서 가장 큰 목적은 신에게 도달하는 것이다. 그러나 신에게 도달하는 길은 제각기 다르다. 왜냐하면 그들이 생각하는 신은 모든 법 위에 존재하고, 자신이 선고한 심판조차도 초월하며, 우리가 알고 있는 사랑과도 다르기 때문이다. 그러면서도 그런 신념과는 달리, 힌두교 신자들은 인도가 지혜의 근원지이며, 모든 종교가 궁극적으로 힌두교의 '다르마(dharma, 자연계의 법칙)'를 발견하게 될 것이라고 믿는다. 그들은 크리슈나(Krishna, 힌두교의 대표적 신)가 지극히 높은 브라흐마나(Brahmana, 힌두교의 예식 해설서)의 완전한 실체를 상징한다고 확신한다. 이것은 힌두교가 신에게 나아가는 수많은 종교적 접근 방식을 모두 수용한다는 데서 오는 인도인들의 새로운 자부심을 반영하는 듯하다. 사실 신은 모든 정의를 초월하는 존재이다. 따라서 신의 모든 것을 다 이해하는 경지에 이르거나 인간의 짧은 생애 동안 신이 자신을 나타내는 그 무한한 방식을 모두 경험할 수 있는 사람은 아무도 없다.

힌두교 신자들은 대부분 그리스도의 신성을 기꺼이 인정할지는 모르지만, 그분의 유일하심은 부인한다. 그들에게 그리스도는 신에게로 나아가는 여러 가지 길 가운데 하나일 뿐, 유일한 길은 아니다. 힌두교 신자들은 그리스도께서 하나님을 나타낸다는 개념을 받아들일 만하게 여기며, 그분이 인간이라는 사실을 흥미롭게 생각한다. 그러나 그분이 인간의 몸을 입으신 하나님이요 우리의 죄를 대신 짊어진 구세주라는 사실에 대해서는 거부한다.

힌두교 신자들은 신이 무한한 방식으로 자신을 나타낸다고 믿는다. 그래서 그리스도에 관해 대화하는 것은 물론, 심지어 그런 방식들 가운데 하나로서 그리스도를 경험하고 싶어한다. 그러나 동시에 다른 방식들도 배제하지 않는다. 힌두교 신자들은 종교를 평생 탐구해야 할 과제로 생각하기 때문에 즉시 결단하려 하지 않는다. 영원한 운명을 결정하는 문제에 대해서는 더욱 그러하다. 그들은 명상해야 할 진리가 무한히 신비롭고 방대하다고 생각한다. 그러므로 짧은 시간에 그리스도나 실체의 본질에 대해 결론짓는 것을, 실제로 할 수 있는 것보다 더 많은 것을 알고 경험했다고 주장하는 것과 같다고 여긴다. 그들은 그런 행위를 교만과 무지로 간주한다.

**불교**

불교의 유신론 사상은 그보다 훨씬 더 모호하다. 사실 어떻게 생각하면 불교는 무신론에 가깝다. 불교 신자들은 회심을 '죄를 버리고 신에게로 돌이키는 것'이 아니라, '자아로부터 해방되어 세상의 허상에서 벗어나는 것'으로 이해한다. 무엇을 위한 해방인지는 말로 정의할 수 없다. 그들에 따르면, 말로 표현하고 정의하고자 하는 욕구, 곧 제한적 사고방식 자체가 깨달음이 없는 허상에 속박되어 있다는 증거이다.

선불교는 그러한 사고방식을 대표한다. 선불교에서 기독교의 '회심'에 해당하는 것은 '각성'이다(물론 이 둘의 내용은 전혀 다르다). 각성은 세상을 대하는 자아의 태도의 변화이자 의식의 변화를 의미한다. 이는 주체와 객체의 구도(세상에 대한 인간의 인식은 주체이고, 세상 자체는 객체이다)를 깨뜨려 참된 자기 초월에 도달하려는 노력을 부추긴다. 그렇다면 자기 초월은 무엇이고, 또 어떻게 이루어지는가?

동양 종교의 중요한 관습 중 하나는 명상(dhyana, 디야나)이다. 명상은 생각을 집중하여 마음을 차분하게 가라앉히는 능력을 키우는 것을 목표로 삼는다. 깊은 집중의 경지에 이르면 마음이 하나로 모아지고, 주체와 객체의 사고 구조를 초월함으로써 자기 초월이 실현된다. 명상으로 나아가는 방식에는 두 가지가 있다. 하나는 특별한 말(화두)이나 형상에 초점을 맞추는 것으로, 대개 정확한 자세를 유지하고 호흡을 조절하여 고요하고도 자유로운 의식을 느끼는 것으로 이루어진다. 또 다른 하나는 선불교가 '좌선'이라고 일컫는 것으로서, 마음을 온전히 비우는 데 초점을 맞춘다. 마음을 비우지 않으면, 자신의 유형적 실존을 초월하여 그 진정한 실체를 바라볼 수 없다. 좌선을 통한 집중은 앞의 방식보다 좀 더 초월적인 단계이다. 왜냐하면 주체와 객체, 곧 명상하는 사람의 생각과 외부 세계의 간격이 완전히 사라지는 상태에 도달하기 때문이다.

선불교의 '린자이(Rinzai) 종파'는 훨씬 더 급진적인 자기 초월 방식을 사용한다. 초월이 주체와 객체로부터 온전히 해방되는 것을 의미한다면, '좌선(무념무상의 상태)'만으로는 충분하지 않다. 왜냐하면 자기 초월이 좌선에 국한된다면, 명상하는 사람이 영위하는 일상적인 삶과 좌선을 시도할 때의 삶 사이에 여전히 괴리가 존재하기 때문이다. 일상생활을 잠시 중단하고 좌선에 들어가는 것은 최상의 자기 초월 단계라고 할 수 없다. 최상의 자기 초월 단계는 일상 속에서 이루어져야 한다. 일상생활을 하면서도 주체와 객체의 괴리를 극복하려는 마음의 상태를 유지해야 하는 것이다. 이러한 명상의 목표는 내면의 고요함을 유지하는 것이다. 즉, 마음의 밖에서는 일상의 의무와 활동에 끊임없이 시달리면서도 안에서는 '고요한 자아'를 유지하는 것이다. 이것은 단순한 '평정 상태'를 훨씬 초월한다. 즉, 일상생활을 할 때조차도 삶 자체, 곧 과거와 현재와 미래에 대한 모든 생각으로부터 온전히 벗어날 것을 요구한다. 이러한 자기 초월은 '절대 무심의 상태'이다. 곧 내면이 세상과 완전히 분리되어 소리를 들어도 들리지 않고, 세상에 살아도 거기에 속박되지 않으며, 세상을 알아도 거기에 얽매이지 않는 상태를 가리킨다.

일본에서 전해 내려오는 선불교 승려 두 사람에 관한 이야기가 있다. 어느 날, 두 승려가 개울에 이르렀는데 한 아리따운 여인이 개울을 건너도록 도와줄 손길을 기다리고 있었다. 한 승려는 여자와의 신체 접촉을 금지하는 법규를 기억하고 도움을 베풀지 않았다. 그러나 다른 승려는 그녀를 안아 개울을 건너게 해 주었다. 그러고 나서 두 승려는 다시 여행을 시작했고, 첫 번째 승려가 두 번째 승려의 행동을 나무랐다. 그러자 두 번째 승려는 "나는 개울을 건너자마자 여인을 내려놓았는데, 스님은 그때부터 지금까지 그녀를 마음속에 담고 있구려"라고 대답했다. 이렇듯 그들에게 각성은 사물이나 경험에 집착하지 않는 것, 곧 생각과 경험으로부터 완전히 자유로워지는 것을 의미한다.

불교 신자들은 우리가 알고 있는 세상이나 우리의 구체적인 경험들 배후에 '불성(佛性, 진리를 깨달은 부처의 본성)'이 존재한다고 믿는다. 불성이 살아 있는 모든 존재에 내재해 있다는 것이다. 그들에 따르면, 살아 있는 만물은 불성을 지니고 있으며, 불성을 향하고 있다. 그러나 인간이 다른 모든 것으로부터 자신을 분리하는 '자의식'을 지니고 있는 탓에 그 현실을 보지 못한다. 그러므로 각성이란 그런 본성을 자각하는 것, 곧 스스로가 자의식에 속박된 상태임을 깨닫고, '공(空)'의 궁극적인 고요함에 도달하는 것을 의미한다.

모든 피조물이 불성을 지니고 있다는 신념을 토대로 매우 독특한 형태의 문화가 발달했다. 예를 들어, 일본의 예술은 선불교에서 가르치는 바와 같이 주체와 객체의 구도를 파괴하고 반(反)교조주의와 비형식을 강조하여, 불균형과 비대칭, 단순성과 급진적인 창의성이라는 특성을 띤다. 일본 문화의 또 다른 특징으로 '다도(茶道)'를 꼽을 수 있다. 그들은 다실에서 차를 마시는 것이 자의식을 초월하여 고도의 집중 단계에 들어가는 한 방법으로 생각한다. 다도의 목적은 불필요한 것을 배제하고 단순성을 추구하는 것이다. 이러한 단순성과 배제의 개념은 선불교에서 추구하는 집중과 고요함의 가르침과 일맥상통한다.

아울러 일본인의 자연관도 선불교와 밀접한 관련이 있다. 자연을 깊이 사랑하는 일본 문화 역시 불성을 믿는 신념에서 유래했다. 만물에 불성이 내재해 있다는 개념은 인간과 자연이 하나라는 강한 의식을 발전시켰다. 대표적인 예로 일본의 건축 양식을 들 수 있다. 건축 자재(대개 대나무와 목재)뿐만 아니라 건물과 정원의 건축 양식도 인간과 자연의 조화를 추구하는 데 중점을 둔다. 일본인의 오두막집은 자연과 조화를 이루도록 설계되어 있으며, 거기에 사는 사람도 자연의 일부가 되어 새와 꽃과 곤충과 시냇물과 함께 어울려 살아간다.

　일본의 부시도(사무라이의 도덕 체계)와 무사도를 떠받치는 기본 철학은 절대적인 충성과 죽음에 관한 관점을 담고 있다. "사는 것은 죽는 것이요, 죽는 것은 사는 것이다"라는 사무라이의 신념은 선불교의 '무집착'에서 비롯되었다. 사무라이는 자신의 목숨에 집착하지 않는다. 자신의 목숨을 그다지 중요하게 여기지 않기 때문에 언제라도 기꺼이 목숨을 내놓을 준비를 하고 있다.

## 힌두교와 불교 문화권에서의 복음전도

　인도와 일본에서 기독교를 전하는 데는 많은 어려움이 뒤따른다. 가장 즉시 맞닥뜨리는 것은 문화적인 어려움이다. 종교가 그 문화와 그 문화 속에 살아가는 사람들 가운데 깊이 뿌리를 내리고 있기 때문에, 인도인과 일본인은 태어날 때부터 각자의 종교에 깊이 물들어 있다. 그러므로 그들에게 기독교 신앙은 다른 신앙이자 낯선 문화의 침투이다. 그들에게 기독교는 서구 문화이며, 복음은 제국주의와 식민주의의 선봉장으로 간주되기 쉽다(일본보다는 인도에서 더욱 그러하다).

　이런 어려움이 점점 더 커지고 있다. 특히 인도에서는 기독교 신자들로 인해 야기되는 문제들 때문에 기독교 신앙을 전하기가 더욱 어렵다. 힌두교에서 기독교로 개종한 사람은 사회적 계급이 높을수록 가족들에게 배척당하기가 십상이다. 뿐만 아니라 그들은 사회에서 추방당한다.

그래서 개종자들은 그런 현실을 극복하기 위해 종종 새로운 삶의 양식과 가치 체계와 서구 문화를 받아들일 수밖에 없다. 그것은 충분히 이해할 만한 일이지만, 그로 인해 기독교인들은 인도 문화 안에서 매우 생경한 존재로 비치게 되었고, 대다수의 인도인이 복음에 대해 서양의 것이라는 선입관을 갖게 되는 결과를 낳았다.

힌두교 신자는 예수 그리스도를 믿는 믿음을 공표하는 것을 주저한다. 그로 인해 사회적 비난과 배척을 당해야 하리라는 것을 잘 알고 있기 때문이다. 특히 상위 카스트에 속한 경우에는 더욱 그러하다. 기독교로 개종한 사람은 인도의 대의를 저버린 반역자가 된 듯한 심정을 느낄 수밖에 없고, 대부분 가문의 수치로 여겨지는 고통을 감수해야 한다. 기독교로 개종한 사람 때문에 온가족이 수치를 느끼기도 한다(인도에서는 가족 간의 유대감이 매우 강하다).

최근까지 기독교로 개종한 인도인들은 대부분 하위 카스트에 속한 사람들이었다. 이 사람들은 서구 문화와 인도 문화의 생활양식이 혼합된 독특한 삶의 방식을 받아들였다. 상위 카스트에 속한 힌두교 신자들은 이런 회심자들을 사회적으로 대등한 존재로 인정하지 않는다. 인도에서 활동하는 서양 선교사들은 문화적인 문제에 대해 입장을 분명히 밝히기를 꺼린다. 그래서 기독교는 그런 특별한 문화적 상황에 계속 얽힐 수밖에 없다.

상위 카스트에 속한 힌두교 신자는 예수님의 가르침을 확신하더라도 엄청난 문화적 딜레마에 직면할 수밖에 없다. 그런 사람은 그리스도를 영접하고 싶어하더라도 인도에서 기독교의 생활양식을 따르고 싶어하지는 않을 것이 분명하다. 그런 사람은 자신의 문화와 가치와 인도인이라는 민족성을 포기하려 하지 않을 것이다. 그러나 그리스도를 영접하는 순간, 그 역시 다른 인도인 기독교인들처럼 실제로 그들의 언어로 말하지 않는 사람들과 함께하지 않을 수 없다.

이런 문제는 힌두교나 불교의 사고방식과 기독교의 사고방식이 서로 다르기 때문에 더욱 복잡해진다. 복음은 구도자가 몰두해야 할 신비가 아니라 믿어야 할 진리이다. 복음은 끝없이 발견하고 탐구해야 할 과제가 아니다. 복음은 탐구가 이미 끝났다고 선언한다. 그러나 힌두교 신자와 불교 신자는 그런 주장이 매우 잘못되었다고 생각한다. 왜냐하면 힌두교와 불교 모두가 목적지를 무한히 먼 곳에 두고서 그곳을 향해 나아가고 있기 때문이다. 그들이 구하는 진리는 가까이 있지 않다. 그래서 그들은 복음을 믿어야 할 절대적 진리이자 명제로 진술하는 것 자체가 매우 잘못되었다고 생각한다. 그들은 배타적인 신앙을 주장하는 '교조주의'를 강력히 거부한다. 특히 불교 신자들은 진리를 말로 표현하는 것에 반대한다. 왜냐하면 그들은 말 자체도 허상의 세계에 속한다고 믿기 때문이다. 이처럼 그들의 문화와 사회 규범과 사고방식은 거의 뚫고 들어갈 수 없을 만큼 단단한 보호막에 둘러싸여 있다.

이러한 현실 앞에서 우리는 바울이 에베소서 2장 1-10절에서 설명한 진리를 떠올리게 된다. 본문에서 그는 세상과 육신과 마귀의 상호 연관성을 지적한다. 우리는 모두 이 세상의 풍조를 따랐다(엡 2:2 참고). 우리는 세상의 문화적 규범과 관습을 따랐다. 그런 규범과 관습은 하나님께 대한 죄와 반역을 정상적인 것으로 제시한다. 그 이유는 무엇일까? 바울은 문화가 "공중의 권세 잡은 자," 곧 "불순종의 아들들 가운데서 역사하는 영"(엡 2:2)과 깊은 관계를 맺고 있기 때문이라고 설명한다. 우리는 복음을 가로막는 문화적 장애물이 궁극적으로 하나님 나라를 공격하는 마귀의 도구라는 사실을 기억해야 한다. 바울은 회심하기 전까지 모두가 그런 영향 아래서 살아가고 있다고 말한다. 그 아래서 인간의 타락한 본성은 만족을 얻고, 인간의 진정한 실체가 드러난다. 그리스도 밖에 있는 인간은 모두 "본질상 진노의 자녀"(엡 2:3)이다.

이런 상호 연관성이 힌두교와 불교 문화권에서 복음을 전할 수 있는 열쇠를 제공하는 듯하다. 문화 자체가 해안에 있는 사람들을 보호하는 거대한 초소와 같은 역할을 하는 경우에는, 이미 그 문화권에 속해 있는 사람들이 가장 효율적인 복음전도자가 될 수 있을 것이다. 다시 말해, 서구화되지 않은 상태로 인도의 사회문화적 유산을 그대로 간직하는 동시에 힌두교와는 상관없이 기독교의 진리를 증언하고 찬양과 예배와 기도를 실천할 수 있는 인도인들이 복음전도를 감당하는 데 적합할 것이다. 물론 그들은 참된 기독교인으로서 살아가는 사람들이어야 한다. 왜냐하면 인도인들은 종교에 관해 공개적으로 논의할 만큼 '거룩한' 사람들, 곧 거룩하고 순결하며 경건한 사람들을 기대하기 때문이다. 또한 그들은 진실을 추구하는 심도 있는 질문들을 받더라도 두려워하지 않고 대화할 수 있어야 한다. 이것이 불교와 힌두교에서 종교적 진리를 탐구하는 방법이다. 누구나 믿어야 할 모든 진리가 간단한 복음 안에 다 함축되어 있다고 말할 뿐, 처음부터 깊은 성찰과 논의를 배제하는 서구식 복음전도로는 힌두교와 불교 신자들을 만족시킬 수 없다.

기독교로 개종하는 순간, 가족들과 고용주와 집주인에게서 배척당할 수밖에 없는 문화권에 살고 있는 사람들에게 복음을 전하는 일에는 중대한 윤리적 책임이 뒤따른다. 회심자가 기독교 공동체 안에서 생존에 필요한 물질적 지원과 영적, 심리적 도움을 받지 못한다면 어디서 도움을 받을 수 있겠는가? 이들 문화권에서 복음은 그리스도를 영접하라는 요청이자 기독교 공동체, 곧 교회에 합류하라는 초청의 의미를 지녀야 한다.

우리는 그런 문화적 상황 아래 그들이 이해하는 신과는 사뭇 다른 하나님을 전해야 한다. 하나님께로 나아가는 길은 여러 갈래가 아니라 오직 하나뿐이다. 그분은 신비가 아니다. 인간은 하나님의 형상으로 지음을 받았기 때문에, 하나님께서 성경을 통해 자신을 계시하신 진리를 이해할 수 있다. 즉, 인간은 하나님을 '알 수 있다.' 하나님은 만물에게 생명을 주시지만, 살아 있는 모든 존재와 친밀한 관계를 맺지는 않으신다. 하나님과 우리의 관계는 죄로 인해 단절되었다. 이를 회복하려면 우리의 자기중심적인 성향이 그리스도 안에서 죽어야 한다. 물론 이것은 자의식에서 벗어나는 것과는 다르다. 우리는 하나님께서 자신을 계시하셨기 때문에 그리스도와 성경을 통해 그분을 알고, 이 세상에서 그분이 원하시는 대로 살아가면서 기뻐할 수 있다. 우리의 존재가 그분과 통합되어 사라지는 것이 아니다. 우리가 창조주 앞에서 한갓 피조물에 불과하다는 것을 깨닫는 것이다. 자아가 소멸되는 것이 아니라, 그분의 섬김으로 인해 우리 각자의 인격이 속량되고 우리의 존재가 하나님을 의존한다는 사실을 확신하게 되는 것이다. 우리는 세상을 부정하지 않는다. 우리는 세상을 하나님의 소유로 인정하고, 우리 주 예수 그리스도를 통하여 세상의 모든 부요함과 아름다움을 그분께 온전히 바친다. 이들 문화권만의 고유한 방식으로도 얼마든지 그러한 즐거운 확신에 이를 수 있고, 또한 반드시 그렇게 되어야 한다. 그와 같은 일이 더욱더 많이 일어나기를 간절히 기도한다.

CHAPTER 7

외부자의 회심 3

# 유물론자 : 마르크스주의와 서구 세속주의

유물론은 오로지 물질만이 존재한다고 믿는 사상이다. 영적 차원도, 도덕적 세계도, 초자연적인 존재도, 하나님도 없다. 유물론자들은, 현실을 허상으로 보면서 오직 영적 차원에서만 세계를 진정으로 이해할 수 있다고 주장하는 이상주의자들을 거부한다.

유물론자로는 두 가지 부류가 있다. 하나는 마르크스주의자와 같은 철학자들이고, 다른 하나는 대다수 서구인들처럼 아무 생각 없이 살아가는 사람들이다. 마르크스주의자들은 이론적 무신론자들이고, 세속적인 서구인들은 실천적 무신론자들이다. 특히 세속적인 서구인에게 유물론은 생각에서 하나님을 배제시키는 사상 체계라기보다는, 삶에서 이루어지는 모든 활동이나 관계에 미치는 영향력이다. 그들은 물질적 풍요에만 관심을 두고, 오직 행복한 삶을 추구하는 것을 규범적 가치관으로 삼는다.

유물론으로 귀결되는 세속주의는, 삶의 과정이 그 배후에 있는 신성하고도 도덕적인 질서와는 분리되어 있다고 전제한다. 사실상 서구인들 중 하나님의 존재를 의심하는 사람은 거의 없다. 그러나 그들의 삶에 하나님은 아무 의미가 없다. 그들은 하나님이 존재할 수도 있다고 생각하지만, '하나님이 존재한다'는 말에는 구체적인 내용이 없다. 그것은 지속적인 가치 체계, 옳고 그른 것의 궁극적인 구분, 삶의 목적과 의미, 살고자 하는 동기와 아무 상관이 없다. 하나님의 존재를 확신하든 그분의 존재를 부인하든 별다른 의미가 없다. 그저 삶을 그 자체로 이해하는 것이 전부이다.

하나님이 너무나 멀고 불분명하며 우리의 삶과 단절되어 있는 탓에 그분에게서 의미를 찾지 못하거나 찾을 수 없다면, 결국 우리 자신에게서 의미를 찾을 수밖에 없다. 우리의 경험으로 옳은 것과 그른 것, 진실과 거짓, 중요한 것과 사소한 것을 판단하는 것이다. 경험이 가치를 가르치는 교사가 되어 그 가치를 토대로 우리의 잘못을 교정한다. 결국 이러한 현대 사회에서 다원주의는 불가피한 현실이 되고 만다. 어느 누가 하나의 가치가 다른 가치보다 더 낫다고 말할 수 있겠는가? 경험이 판단의 기준이고 그 안에서 의미를 찾아야 한다면, 개인에게 '적합하게' 보이는 것을 그때그때 받아들일 수밖에 없다.

오늘날에는 동양 사상, 특히 힌두교가 서구 사회에서 환영받고 있으며, 서구의 세속주의가 에이즈 바이러스처럼 전 세계로 번져 나가 심지어 매우 종교적인 영역에까지 쉽게 뿌리를 내리고 있다. 이것은 조금도 놀라운 일이 아니다. '서로의 삶은 아무 관계가 없으며 그저 빠르게 변하는 분리된 경험의 덩어리(이런 경험들은 대부분 서로 충돌한다)일 뿐'이라는 개념이 서양과 동양의 세계관에 똑같이 영향을 미치고 있다. 이러한 다양한 경험에서 야기되는 모호함을 해결하기 위해, 동양 사회는 본성을 초월하는 영역에 집중하고, 서양 사회는 본성 자체에 집중한다. 즉, 동양 사상의 신비주의는 좀 더 외적인 것에, 서양 사상의 신비주의는 좀 더 내적인 것에 초점을 맞춘다.

그 결과, 서양 문화는 단지 자아 안에 있는 것(욕구, 감정, 바람)만이 의미를 지닌다고 생각하기에 이르렀다. 위에 있는 세상은 사라지고, 인간 안에 있는 세상만이 남았다. 그러나 인간 안에 있는 세상은 어둡고 모호하며, 이해하기가 어렵고 혼란스럽다. 서로 모순되기도 하고, 그릇되게 치우치는 경우도 많다. 결국 궁극적인 의미를 지닌 경험이 다양하다는 전제로 되돌아가, 경험이 당사자들에게만 타당성을 지니기 때문에 회심의 경험이 필요하다고 주장하는 사람이든 그런 경험이 필요 없다고 주장하는 사람이든 모두가 옳다는 결론에 이른다.

세속주의에서 비롯된 이러한 다원주의는, 그것을 지지하는 강력한 사회적 세력들에 힘입어 서구 사회에서 더욱 견고히 자리매김했다. 세속화(주로 산업화와 도시화로 형성된 현대 사회의 형태)와 세속주의(절대 권위를 지닌 신성한 질서와 개인의 삶을 분리한 데서 비롯된 가치 체계)가 어떻게 결속되어 있는지를 이해하기는 그리 어렵지 않다. 예를 들어, 도시들의 영향을 생각해 보라.

제3세계 국가에는 집도 없고 직장도 없는 가난한 젊은이들이 수백만 명씩 거주하는 도시들이 있다. 그런 도시들에는 재산을 빼앗기고 온갖 고초에 시달리며 아무런 유산도 물려받지 못한 사람들이 집단으로 거주하곤 한다. 그들의 존재는 분명히 도시의 분위기에 영향을 미칠 수밖에 없다. 그러나 서구 사회의 도시들은 다르다. 일자리가 없어서 가난하게 지내는 사람들이 없지는 않지만, 그 숫자가 상대적으로 훨씬 적다. 서구의 도시들은 기술 문명을 추구한다. 그곳은 제조업과 상거래의 중심지이기 때문에, 자연히 상품과 용역을 생산해야 할 필요에 맞추어 사람들의 생활 양식이 형성될 수밖에 없다.

여기에서 가장 중요한 변화는 공공 생활과 사생활의 분리이다. 전에는 구두 수선공으로 일하는 사람의 직업이나 인격이 모두에게 알려졌다. 그때는 개인의 평판을 매우 중요하게 생각했고, 자신의 책임을 성실하게 이행하면 사회적 보상이 주어졌다. 그러나 오늘날에는 그런 관계가 깨졌다. 일터로 출퇴근해야 하는 도시 생활은 가정생활과 경제활동이라는 이원적인 세계를 만들어 냈다. 개인이 살아가는 두 영역에 대해 자세히 아는 사람은 거의 없다.

더욱이 경제활동은 사람들을 기능에 따라 규정한다. 심지어 인간의 가치를 비롯해 모든 가치가 경제적 생산성의 관점에서 결정된다. 그것은 비인격적인 세상, 곧 실용적이고 물질적인 것만을 가치 있게 여기는 세상이다. 그런 세상에서 인격은 생산성에, 윤리는 작업 성취도에, 옳은 것은 성공적인 결과에 종속될 수밖에 없다. 경제적 책임은 있지만, 도덕적 책임은 없다.

물론 이런 상황은 나름대로 모순을 지니고 있다. 특히 미국에서 그러하다. 미국인들은 여러 면에서 자신을 종교적 존재로 규정하면서도 하나님이 존재하지 않는 것처럼 살아간다. 그들은 공산주의 정권의 무신론적 태도에 경악하면서도 공공 생활에서 무신론을 실천하고 있다. 공공건물에 종교적 상징물을 부착하려면 '미국시민자유연맹'과 싸우는 것을 감수해야 한다. 미국인들은 마르크스적 유물론의 일차원적인 사상을 혐오하면서도 그와는 전혀 다른 방법으로 일차원적인 유물론을 실천하고 있다. 사실 마르크스주의 정권은 민주주의에 필요한 자유, 곧 미국에서 성공적으로 보존되어 온 자유를 조직적으로 파괴해 왔다. 그런데 참으로 모순적이게도, 다른 유물론자들을 제어하고 근절하기 위하여 외교 정책을 세우는 미국인이 사실상 유물론에 깊이 물들어 있다. 특히 미국인들이 소중히 여기는 자유가 유물론적인 세계관에서 비롯되지 않는다는 점을 고려할 때, 그러한 현실은 더욱 모순될 수밖에 없다. 미국이 아직도 예전처럼 건재하는 주된 이유가 내적으로 무기력해진 적, 곧 세계관이 혼란스러워진 적을 상대로 싸우기 때문이라고 주장하는 것도 결코 무리가 아니다.

대다수의 미국인들은 자신과 마르크스주의자들을 연결 짓는 것을 결코 원하지 않겠지만, 서구 사회의 실천적 유물론과 마르크스주의의 이론적 유물론이 매우 비슷하기 때문에 함께 다루어도 무방할 듯하다. 여기에서는 회심에 대한 기독교의 가르침이 이 범주에 속하는 사람들의 가치관과 어떻게 다른지, 또 그들에게 회심을 어떻게 제시해야 할 것인지를 묻고자 한다.

## 단계적 과정을 통한 학습

서구 사회는 유대-기독교적 세계관에서 출발했지만, 갈수록 그것과 상충되는 세속주의를 빚어내고 있다. 30년 전에 사람들이 일반적으로 알고 생각하고 믿었던 것이 지금은 통용되지 않는다. 사실 서구 사회가 기독교적 가치관에서 거의 완전히 멀어진 탓에, 오늘날의 기독교는 심지어 서구인들과도 문화 간의 대화를 시도해야 할 지경에 이르렀다.

그런데도 서구 복음주의는 간단한 복음의 메시지를 전하는 것만으로도 기독교 신앙을 받아들이지 못하도록 방해하는 요소를 최소화할 수 있고, 그렇게만 하면 하나님이 기적을 일으켜 복음을 이해하는 데 필요한 나머지 모든 것을 제공하시리라고 기대한다(아마도 복음의 메시지가 간결할수록 더 좋다고 생각하는 듯하다). 이런 접근 방식은 선교 현장에서 결코 환영받지 못할 것이다. 당연히 그럴 수밖에 없다. 그런 방법은 서양에서도 매우 부적절하다. 그것은 모든 것을 기술적으로 신속하게 처리하는 데 익숙한 오늘날의 사회와 잘 어울린다. 사실 오늘날처럼 많은 사람들이 '복음'을 접한 시대는 일찍이 없었다. 그러나 그렇게 대중에게 간단한 복음을 마구 전하는 것이 과연 복음전도인지 매우 궁금하다. 들는 사람이 기독교 신앙을 충분히 이해하지 못한다면, 복음을 전했다고 말할 수 없다. 복음을 최대한 간결하게 전한 뒤에 즉시 동의하라고 한다면, 대다수의 사람들은 기독교의 진리를 제대로 이해할 수 없을 것이다.

오늘날에는 기독교와 기독교의 기본 원리들을 잘 모르는 사람들이 너무나 많다. 사람들은 하나님이 삶과 심오하게 관련되어 있고, 그분을 삶의 중심과 초점으로 받아들이는 것이 삶의 의미를 발견하는 지름길이며, 옳고 그름을 가리는 궁극적인 기준이 존재한다는 사실을 이해하지 못한다. 또한 인간이 화학물질과 전하(電荷)로 이루어진 존재가 아니라, 하나님과 주변 사람과 관계를 맺을 수 있는 영적 존재라는 사실을 이해하지 못한다.

사람들은 여러 단계를 거쳐 믿음을 갖게 된다. 지난날 자신이 열심히 추구하던 것(예를 들어, 행복한 삶)을 버리고 그리스도께로 돌이키기까지 다소 시간이 걸릴 수도 있다. 때로는 회심이 '다메섹 도상'에서처럼 극적인 경험을 통해 절정에 이를 수도 있다. 그러나 그 전에 내면에서 일련의 조정과 변화가 일어나, 새로운 믿음의 관계가 무엇을 의미하고 무엇을 요구하는지를 조금씩 이해해 가는 과정이 선행되기 마련이다.

일반적으로, 작은 결정들을 조금씩 내리다가 마침내 중요한 의미를 지닌 큰 결정에 다다르게 된다. 이런 문제 해결의 과정은 분명하게 인식할 수 있는 여러 단계를 거친다. 먼저 필요 욕구를 느끼고, 그다음에는 정보를 찾아 나서고, 습득된 정보를 바탕으로 여러 가지 대안을 비교하고, 행동 방식을 선택해 실천하고, 선택한 해결책을 통해 본래의 필요 욕구가 충족되었는지를 재점검하는 단계들이 이어진다. 기독교 회심도 그와 똑같은 과정을 거친다. 그 과정을 좀 더 자세히 살펴보자.

첫째, 주택을 구입하는 것과 그리스도를 믿겠다고 결심하는 것은 다르다. 두 경우 모두 필요 욕구에서 시작해 여러 대안들을 평가하고 해결책을 선택한다는 과정은 똑같다. 그러나 주택을 구입하는 경우에는 충성의 대상을 바꿀 필요가 없지만, 그리스도와 관계를 맺는 경우에는 그런 변화가 필요하다. 그러하기에 복음을 상품처럼 포장하여 판매하는 것은 옳지 않다. 복음은 궁극적으로 인간의 필요 욕구를 채워 주지만, 죄인은 소비자가 아니기 때문이다. 따라서 그리스도를 향한 완전한 복종과 절대적 충성의 필요성을 분명하게 언급하지 않은 채 복음을 제시하는 것은, 성경적인 복음전도와는 거리가 멀다.

둘째, 인간에게 정말 필요한 것을 잘 설명해야 한다. 사람들은 다른 사람들과의 관계에서 소외감을 느끼기도 한다. 그러나 자신의 문제가 죄로 인해 하나님과 단절되고 하나님에게서 멀어진 데서 비롯되었다는 사실을 항상 깨닫지는 못한다. 죄는 신학적인 개념이고, 하나님과의 관계 안에서 정의해야 할 현실이다. 우리가 죄인인 것은, 하나님께 반역하고 그분의 진리를 저버리며 그분의 율법을 거부하고, 그리스도께 대항하며 우리 자신을 창조주의 자리에 올려놓기 때문이다. 우리는 스스로 법과 진리와 구원자가 되었다.

죄는 단순히 규칙을 어기는 것을 의미하는 것도 아니고(물론 죄는 항상 그런 결과를 가져온다), 그 밑바닥에 도사리고 있는 자기중심적인 성향에만 국한되는 것도 아니다(물론 죄는 항상 그런 성향을 부추긴다). 죄의 가장 밑바닥에는 하나님을 삶의 주인으로 모시려 하지 않고, 모든 영광이 그분의 것이라는 사실을 부정하며, 그분을 삶의 중심이요 초점으로 삼기 싫어하는 본성이 도사리고 있다. 인간의 모든 필요 욕구를 이 사실에 비추어 이해해야 한다. 그러지 않으면 '건강과 부의 복음,' 즉 건강과 부를 약속하는 복음을 제시함으로써 그러한 욕구를 해결해 주려는 기괴한 탈선이 계속될 수밖에 없다.

셋째, 해결책(복음)이 필요에 적합하지 않으면 그것을 선뜻 받아들이려고 하지 않을 것이 분명하다. 그런 경우에는 설령 '결신'이 이루어진다고 해도 형식적이고 피상적일 수밖에 없다. 물론 복음이 제시하는 인간의 필요와 사람들이 느끼는 필요가 반드시 일치하는 것은 아니다.

한 연구 조사에 따르면, 미국의 대학생들이 가장 필요로 하는 것은 물질적인 성공이라고 한다. 그들은 물질적인 성공을 행복의 기초로 여긴다. 그들에게 필요한 것은 행복이고, 그것을 충족시킬 수 있는 방법이 물질적 풍요인 것이다. 어떤 면에서는 복음이 그런 필요를 채워 준다고 할 수 있기 때문에, 복음을 행복에 이르는 가장 좋은 수단으로 제시하고 싶은 유혹을 느낄 수도 있다. 그러나 그 중간 단계를 모두 생략해서는 안 된다. 복음은 회개하는 죄인에게 행복이 아니라 하나님 앞에서 의롭다하심을 받으리라고 약속한다. 신약성경은 도덕적인 데 관심을 두지만, 오늘날에는 심리적인 데 관심을 둔다. 행복해지고 싶은 마음 자체가 잘못은 아니지만, 성경의 진리를 바르게 이해한다면 그것은 부차적인 관심이 될 것이다. 신자는 하나님과의 도덕적 관계에 초점을 맞춰야 한다. 물론 그리스도 안에 올바로 서면, 그 결과 중 하나로 행복이 뒤따를 수도 있다. 그러나 행복을 원하는 사람에게 느닷없이 회개를 촉구하는 것은 너무나 갑작스러운 일이다. 행복을 원하는 사람에게는 오직 회개의 과정을 통해, 곧 자아와 풍요를 사랑하는 마음을 버리고 그리스도께로 나아가는 과정을 통해서만 행복을 얻을 수 있다는 사실을 납득시킬 만한 장기적인 전략을 펼쳐야 한다. 그것은 단번에 이루어지는 것이 아니라 하나의 과정이다. 그러한 과정을 밟으며 인내하면서 사역하지 않으면, 그 사람의 실제적인 필요를 명확하게 깨우쳐 주기가 어렵다. 만일 그가 그리스도를 자신이 원하는 행복을 채워 주실 분으로 끼워 맞춘다면, 그가 받아들이는 그리스도는 성경이 전하는 그리스도가 아닐 것이다.

마지막으로, 서구의 세속주의자들은 대부분 장기적인 결정의 과정을 아직 시작조차 하지 못했다. 그들의 필요가 불확실하고 혼란스러울 때가 많다. 그들은 자신에게 무엇이 필요한지를 잘 모른다. 왜냐하면 하나님을 발견할 수 있다거나 진리와 옳고 그름이 존재한다고 생각하지 않기 때문이다. 그런 기본적인 요소를 설명하지 않고 복음을 전하는 것은, 건물의 기초도 놓지 않고 지붕 공사부터 하는 것과 다름없다. 복음전도자들은 기본에 충실한 것만으로는 '복음을 전했다'는 만족감을 느끼지 못한 채, 조급해하고 의무를 제대로 이행하지 못했다는 죄책감에 시달릴 수도 있다. 우리는 지금보다 훨씬 더 많이 준비해야 한다.

## 외로운 군중

우리가 알고 있는 서구 사회와 관련하여 앞에서 말한 점들을 좀 더 확실하게 파악해야 한다. 오늘날의 세상은 과연 어떠한가?

오늘날의 세상은 세속화되었다. 사람들이 과거보다 종교적이지 않다는 말이 아니다. 요즘 사람들은 어쩌면 과거 그 어느 때보다도 영적인 것에 관심을 더 많이 기울이고 있는지도 모른다. 세속화되었다는 말은 사회의 제도들이 그 신성한 지위를 상실했다는 뜻이다. 구체적으로 말하면, 요즘에는 신성한 것에 대한 공통된 합의가 존재하지 않는다. 법정, 의회, 학교, 정부, 병원과 같은 것들은 더 이상 신성한 것으로 인정되지 않으며, 그저 사회적 계약에 의해 유지된다. 우리는 이런 상황에 너무나 익숙해져 오히려 그것이 당연하게 보일 정도이다. 이것이 바로 우리의 사회가 가진 여러 가지 맹점들 중 하나이다. 우리가 살고 있는 사회와는 현저히 다른 사회 체제를 주의 깊게 살펴보면, 우리의 상황을 더욱 확실하게 이해할 수 있을 것이다.

중세 유럽 사회는 세속화라는 것을 전혀 알지 못했다. 중세 시대에는 모든 것이 의미 있는 '신성한 질서(아름다운 샹들리에에 비견될 만큼 정교한 위계질서 체제)'에 통합되어 있었다. 모든 것이 전체에 속해 있었다. 당시에는 오늘날 우리가 이해하는 것과 같은 개인이 존재하지 않았다. 시간은 직선적인 것이 아니라 순환적인 것이었다. 계절의 순환과 교회력에 명시된 정기적인 절기들이 일상생활을 지배했다. 또한 중세 사회의 중심은 거룩한 것 중에서도 가장 거룩한 일이 행해지는 교회였다. 미사를 통하여 성육신의 기적이 일어나고, 떡과 포도주에 하나님이 임재하신다고 믿었다. 교회당의 거룩함이 사회생활(예술, 과학, 사업, 가족)에 전반적으로 영향을 미쳤다. 중세 시대의 시장은 교회당 바로 밖에 형성되었으며, 근처의 거리에서 시장에서 팔 물건들을 만들었다('베이커스트리트[Baker Street]'나 '포터스레인[Potter's Lane]'과 같은 도로 명칭이 바로 여기에서 유래했다).

사람들은 스스로 직업을 선택하지 않았다. 그들은 대개 대대로 내려오는 가업을 물려받았다. 결혼식이 혼인 관계를 맺는 개인보다 더 중요했고, 일터와 가정에서 주어진 역할을 잘 감당하는 것이 개인의 의무였다. 이런 생활 방식은 '자아실현'과 '풍족한 삶'을 추구하는 우리 시대와는 전혀 어울리지 않는다. 확장과 진보, 발전은 중세 사회의 핵심 용어가 아니었다. 그 사회의 목적은 미래에 이루어야 할 목표를 가르치는 것이 아니라, 하늘의 질서 곧 신적인 실체를 가능한 한 그대로 반영하는 것이었다. 단테(Dante)가 『신곡』(La Divina Commedia)의 천국편에서 당시의 사회를 묘사한 글을 보면, 더 낮거나 더 높은 지위를 열망하는 사람이 아무도 없다. 당시에는 전체를 이루는 작은 것들이 모두 무한한 의미를 지녔다. 모든 사람들이 그것을 기뻐했다. 단테는 그것을 "자유"라고 일컫는다.

그런데 르네상스와 종교개혁은 가톨릭 교회가 중심이 되는 것을 공격했고, 현대 사상은 하나님이 우주의 중심이시라는 것을 부인한다. 즉, 중세 시대의 위계질서가 무너졌다. 그리하여 인간은 전에 자신을 보호해 주었던 제도가 사라진 상태에서 단독자로서 홀로 하나님 앞에 서게 되었다. 이런 사상으로 인해 17세기의 사람들은 고뇌했고, 18세기에는 개인의 권리라는 개념이 싹텄으며, 마침내 19세기에는 그런 권리를 위해 정치적 투쟁을 하기에 이르렀다.

또한 20세기에 접어들면서, 역사를 '인류를 위해 끊임없이 발전하는 과정'으로 인식하고, 시간과 인간과 역사에 관한 르네상스의 견해가 절정에 도달했다. 그런데 20세기 말에 접어든 오늘날에는 이런 확신도 무너지고 있다. 이제 사람들은 자신의 내면을 바라본다. 과거와 현재가 모두 의미가 없다면, 삶에는 과연 무엇이 남을까? 결국 머릿속에서 이루어지는 주관적인 경험만이 남을 뿐이다. 중세 시대와는 달리, 개인은 의미 있는 상황에 참여하지 못한 채 사라지거나 심지어 해체되고 만다.

지난 몇 세기를 거치는 동안 '거룩함'의 개념도 변했다. 개인을 강조해 온 유럽의 역사는 거룩함을 내적 특성으로 정의했다. 그들은 회심을 개인이 '경건한 행위(흔히 말하는 거룩함의 표징들)'를 실천하는 것으로 이해했다. 그러나 성경이 말하는 거룩함은 그와는 다르다. 성경이 말하는 거룩함이란 주인이 바뀌는 것, 곧 다른 존재의 소유가 되는 것을 의미한다. 거룩한 것은 시장에서 사고팔 수 있는 것이 아니다.

우리 사회에는 거룩한 것과 거룩하지 않은 것에 대한 공통된 합의가 없다. 그래서 거룩한 것이 아무것도 없다는 결론에 도달할 수밖에 없다. 결국 모든 것이 사고팔 수 있는 것으로 전락하고 만다. 장기 이식 산업은 우리의 육체를 원하고, 화장품 산업과 유전자 산업은 태아를 원한다. 열대우림 지역도 매매가 가능하다. 곳곳에서 전쟁이 지속되고 있으며, 그중에는 2차 세계대전보다 더 오랫동안 계속되는 전쟁도 있다. 그 결과 무기 산업이 왕성하게 발달하고 있다.

사람들은 유럽의 도시에 있는 교회당과 뉴잉글랜드 마을의 중앙에 있는 예배당을 예배 외에 다른 목적으로 사용하지 않는 것이 '유용하지' 않다고 생각한다. 이러한 현실은 암시하는 바가 매우 크다. 교회당의 건축 양식은 살 수도 없고 팔 수도 없는 은혜의 지고함과 자유로움을 고요히, 그러나 강력하게 드러낸다. 예배는 냉혹한 삶의 시장으로부터 벗어나 하나님의 은혜 가운데 사람이 사고팔 수 있는 물건이 아님을 선언한다. 예배는 하나님을 위한 것, 곧 그분을 섬기고 공경함으로써 모든 것에서 자유롭게 되어 그분의 무한한 영광과 위대하심을 경이로워하는 것이다. 우리는 내면의 삶이라는 황량한 장소에 갇혀 오로지 자기 자신과만 교감하는 20세기의 인간들, 곧 벌거숭이처럼 홀로 외로워하는 사람들에게 이러한 자유와 경이로움을 전해야 한다.

현대성과 세속주의는 삶의 의미와 신비로움을 없애 버리고, 개개인을 서로에게 보이지 않는 투명인간으로 만들었다. 20세기 말에 접어든 지금, 우리의 눈앞에 신생 인류가 나타나기 시작했다. 자신의 세상에만 몰두하는 자기애적(自己愛的) 인간이 등장한 것이다. 자기애적 인간은 내면이라는 감옥에서 해방되기를 열망하지도 않고, 자기 자신 안에 갇혀 지낸다. 외부 세계는 그들의 관심을 전혀 사로잡지 못한다.

그러한 자폐적(自閉的) 인간에게 외부인은 의미가 없다. 오로지 내적 경험만이 중요할 뿐이다. 그들에게 세상은 그 자체로 존재하는 객관적 현실이 아니다. 세상에 관해 무언가를 알 수도 없고, 세상과 대화할 수도 없다. 세상은 말도, 행동도 할 수 없다. 자폐적 인간은 바닷가에 있으면서도 바다가 아닌 바다를 경험할 따름이다. 그런 사람이 침몰하는 배 안에 있다면, 그는 거기에서 빠져나올 방법을 찾기보다는 종말을 경험하는 데 더 관심을 기울일 것이다.

완전히 소외되고 고립되는 경험은, 수많은 사람들이 고통당하는 광경을 묘사한 한 폭의 지옥도를 연상시킨다. 언뜻 보기에 그들은 함께 고통을 당하고 있는 것 같지만, 실제로 제각기 자신의 고통과 두려움을 감당하기에 급급할 뿐 다른 사람들의 고통을 돌아볼 여유가 없다. 현대인은 라디오와 텔레비전과 신문과 그들의 가정과 한밤중의 공상 속에서 일어나는 온갖 실제적인 폭력과 비실제적인 폭력에 시달리면서 죽음의 냉기를 느끼고, 날마다 그들을 조금씩 갉아먹고 있는 무지에 시달리고 있다. 이러한 현대인을 과연 어느 누가 구원할 수 있을까? 그런 와중에도 현대인은 음식, 의복, 여행, 성, 스포츠, 문화, 종교와 같은 분야에서 점점 더 다채로운 '경험'을 추구하고 있다.

세례 요한은 "너희 가운데 너희가 알지 못하는 한 사람이 섰으니"(요 1:26)라고 말했다. 그분의 음성은 시간과 공간의 차원에서 우리보다 앞서 있으며, 또한 우리를 무한히 초월한 외부로부터 들려온다. 그분의 말씀을 기록한 책은 경험에 관한 책이 아니라, 실제적이고도 측정할 수 있는 객관적인 실존을 다루는 책이다.

세례 요한은 예수님을 가리켜 "너희 가운데 너희가 알지 못하는 한 사람이 섰으니"라고 말했다. 우리는 소위 기독교 국가에서 살고 있기 때문에 적어도 예수님이 누구인지 정도는 당연히 안다고 생각한다. 그러나 그렇게 익숙한 상태로 오랜 세월을 지나는 동안, 그분의 형상이 일그러지고 희미해졌다. 그분의 형상은 실제 모습을 붕대로 칭칭 휘감은 듯, 마치 색채가 모두 벗겨진 듯한 토르발센(Thorvaldsen)의 그리스도 상처럼 하얗고 무해한 모습으로 바뀌었다.

그동안 많은 단체와 회사들이 예수님의 이름을 남용하고, 그분에 대해 다룬 책들이 수없이 많이 출판되었다. 거기에 무엇을 더 보탤 수 있겠는가? 더 보태기는커녕 오히려 많은 것을 벗겨 내야 할 지경이다. 그리스도는 선동가가 아니다. 그분은 새롭고 강렬한 경험을 제공하는 분이 아니다. 그분은 아무것도 사고팔지 않으신다. 그분은 담배 연기와 말소리가 가득한 식당의 탁자 위에 놓인 한 송이 꽃과 같은 존재이시다. 오늘날 그분 외에 어느 누구에게서도 그런 희망을 발견할 수가 없다. 광고, 포르노 잡지, 새로운 영적 운동은 모두 한결같은 메시지를 던진다. 그것들은 "여기에서 우리가 지금까지 찾아 헤매던 것을 발견할 수 있습니다. 여기에 우리의 모든 문제를 해결해 줄 답이 있습니다. 이것이 우리를 위해 삶의 신비를 해결해 줄 것입니다!"라고 외친다. 이런 식의 단순한 해결책은 모든 사람을 천박한 소비자로 전락시킨다. 그러나 그리스도는 소비하는 상품이 아니라 예배하는 대상이시다.

하나님을 절대타자(인간의 세계 밖에 초월적으로 존재하는 분)로 의식하는 사람은, 그리고 그분을 우리의 경험에 속한 분이 아니라 우리의 경험과는 다른 차원에 거하시는 존재로 인식하는 사람은, 다른 사람들까지도 그런 관점으로 바라볼 수 있다. 자아의 깊은 내면에서만 참된 것을 발견할 수 있다고 생각하는 비현실적인 관점을 극복해야 한다. 그렇게 할 때, 다른 사람들을 또 다른 실체, 곧 우리와는 다른 존재로 인정할 수 있으며, 하나님을 예배하는 것을 통해 그들을 사랑할 수 있게 된다.

회심을 종종 인간적 요소가 결여된 종교적 거래에 불과한 것으로 인식하곤 한다. 즉, 상대방의 의식과 웃음, 의지와 의향, 생각과 상관없이 영혼 안에서 순식간에 처리해야 할 일로 여길 때가 많다. 사회학자들은 바로 이런 사실을 염두에 두고서 사생활과 공생활의 균열에 관해 논의하였다. 믿음과 하나가 되지 못한 채 그저 믿음에 동의하는 것은 믿음을 왜곡하는 것이다. 성경은 요한복음 3장 16절에서부터 시작하지 않는다. 성경은 창세기에서부터 시작한다. 성경은 하나님이 어떤 분이시고 우리가 누구이며, 그분이 창조하신 세계는 어떤 모습이고 우리는 왜 그 안에 살고 있으며, 이 모든 것의 마지막은 어떻게 될 것인지를 먼저 가르친다. 하나님을 아는 사람이 되려면, 이 모든 것을 이해하고 회심해야 한다. 성경적인 뼈대가 사라진 복음은 단지 종교의 파편에 지나지 않는다. 그런 복음은 인간의 깊은 내면 구석까지 침투할 수 없다.

하시딤(Hasidim)파 유대교 사이에서 리진(Rhizyn)의 랍비에 관한 이야기가 전해져 온다. 어느 날, 사녹(Sanok)이라는 도시의 사람들이 그를 찾아와 불만을 토로했다. 자신들은 모든 규칙을 철저하게 지키고 새벽에 일어나 기도하며 미슈나를 열심히 배우는데, 하시딤파 사람들은 율법을 지키려고 노력하지 않는 것 같다는 것이다. 하시딤파 사람들은 새벽마다 기도하지도 않고, 기도를 끝내고는 다같이 둘러앉아 슈냅스(schnapps)를 홀짝거렸다. 그런데도 자신들 사녹 사람들은 '원수들'로 불리고, 하시딤파 사람들은 경건하다고 인정받는 현실이 도무지 마음에 들지 않았다.

리진의 랍비는 하시딤파의 행동이 마귀를 속이기 위한 술책이라고 설명했다. 그들은 정해진 기도 시간이 지난 뒤에 함께 모여 "삶을 위해!"라고 외치며 건배하고, 각자 자신의 고민을 털어놓으며 서로에게 "하나님이 당신의 소원을 들어주시기를 바랍니다"라고 말했다고 했다. 어떤 형태의 말로도 기도할 수 있기 때문에, 그들은 그런 말도 기도로 간주했다. 그런데 마귀의 눈에는 그런 모습이 그저 한 무리의 사람들이 둘러앉아 슈냅스를 홀짝이며 일상적인 대화를 나누는 것으로밖에 보이지 않기 때문에 그들을 가만히 내버려 둔다는 것이다.

물론 이것은 농담이다. 그러나 이 이야기는, 종교적인 요소와 인간적인 요소가 관계를 맺되, 종교성을 통해 인간성이 풍요로워져 올바른 기능을 발휘하게 되어야 한다는 점을 구체적으로 보여 준다.

세속주의자들, 곧 풍요와 쾌락을 전부로 생각하는 외로운 사람들을 대할 때는 반드시 성경의 명령을 기억해야 한다. 즉, 하나님과 그분의 세계와 그리스도와 율법과 진리를 충분히 일깨워 줌으로써 그들을 겸손히 그분께 복종하도록 이끌어야 하고, 자아에만 몰입된 어둠의 세계에서 그들을 건져 다른 사람들을 바라보게 해야 한다. 또한 서로에게 보이지 않는 투명인간의 상태를 극복하고 온전한 인간성을 회복하여 피조 세계의 일부가 됨으로써, 창조주의 본래 의도에 더욱 가까이 다가가도록 이끌어야 한다. 물론 이것이 우리의 목표이지만, 이 일은 오직 창조주요 구원자이신 하나님만이 이루실 수 있다.

## 마르크스주의

북미 기독교의 관점에서 보면, 마르크스주의에 대한 연구는 먼 나라의 일처럼 부적절하게 여겨질지도 모른다. 그러나 세계 인구의 3분의 1이 마르크스주의가 확고한 이념으로 정착한 국가에 살고 있다. 흔히 기존의 이념이 무너지면 새로운 체제가 시작된다고 생각한다. 그러나 유고슬라비아의 가장 뛰어난 마르크스주의 반(反)체제 인사였던 밀로반 질라스(Milovan Djilas)가 최근에 내린 평가는 여전히 사실로 인정할 만하다. 소비에트 사회주의 공화국 연방의 마르크스주의는 대다수 사람들의 신념에서 사라졌지만, 여전히 정책을 통해 많은 영향력을 행사하고 있다는 것이다. 더욱이 마르크스주의는 세계의 여러 곳, 특히 개발도상국에서는 단지 권력의 이론적 근거를 제공하는 것 이상의 의미를 지닌다. 그런 나라들에서는 마르크스주의가 여전히 경쟁력 있는 이념으로서 자리매김하고 있으며, 때로는 변화가 필요한 사회적 상황을 광범위하게 개혁하는 유일한 청사진으로 제시되기도 한다. 그런 경우, 마르크스주의는 단순한 소외를 뛰어넘어 인간의 실존을 확실하게 분석하고 종합하는 사상이라고 할 수 있다.

## 마르크스주의 사상

기독교의 회심을 마르크스주의에 비추어 살펴보는 것은 매우 적절하다. 왜냐하면 마르크스주의도 기독교처럼 사람들에게 철저하게 변화해야 한다고 가르치기 때문이다. 더욱이 변화의 개념이 기독교의 개념과 매우 흡사하다. 흔히 생각하는 것과는 달리, 마르크스주의자들은 사회 구조가 변해야 할 뿐만 아니라 그것을 요구하는 개인들의 삶도 변해야 한다고 주장한다.

마르크스는 고등학생이었던 열일곱 살 때 대학 입학을 위하여 쓴 논문에서 그런 변화의 필요성을 자세히 설명하고 있다. 그는 인류의 역사와 개인의 발달 과정을 탐구하고 나서, 인간을 가리켜 "자연 세계에서 본연의 목적을 이루지 못하는 유일한 존재"라고 결론지었다. 그는 인간에게서 '선한 것을 향한 열정과 진리에 대한 갈망, 미덕을 추구하려는 열망'을 발견했다. 그러나 "영원한 것의 불꽃은 달콤하게 속삭이는 거짓의 힘에 의해 사그라진다"라고 말했으며, 인간의 가장 깊은 도덕적 문제가 "억제되지 않은 이기심"이라고 말했다.

마르크스가 공산주의자의 관점에서 쓴 글에서도 이런 도덕적 문제가 크게 부각되어 나타난다. 그는 변화의 필요성만이 아니라 그 본질까지도 분명하게 밝힌다. 마르크스는 1789년에 프랑스 혁명을 통해 외형적으로 성취된 정치적이고도 헌법적인 해방을 보고 나서, '인간의 본성을 변화시켜야 한다'고 주장했다. 그는 장 자크 루소(Jean-Jacques Rousseau)의 글을 인용해, 그러한 변화의 본질을 "본질적으로 홀로 존재하는 개인을 그보다 더 큰 전체의 일부로 변화시키는 것"이라고 정의했다. 그리고 "개인이 진정한 개인……곧 일상생활과 특정한 노동과 상황 안에서 '유적 존재(species-being, 사회적 존재)'가 되어야만 인간의 해방이 이루어질 것이다"라고 표현했다.

마르크스에 따르면, 구조와 법률을 변혁하는 것을 뛰어넘어, 개개인이 자기의 만족을 추구하는 이기적인 부르주아가 아니라 사회적 책임을 다하는 헌신적인 시민으로 변하도록 도와야 한다. 공산주의 사회의 목표는 혼란이 아니라 통합된 생산 형태와 인간 존재 전체의 사회화이다. 공산주의는 태도와 행동의 변화, 곧 '경제적 인간'의 관점에서만이 아니라 그보다 훨씬 더 근본적인 인류학적 구조의 관점에서의 변화를 주장한다.

마르크스의 사상은 변화를 위한 방법을 제시할 뿐만 아니라 '진정한 인본주의'에 대한 관심을 표방한다. 그는 단지 인간 의식의 명칭이나 이론을 다루는 데 그치지 않고, 노동이라는 실제적인 현실과 개인의 구체적인 관계를 바로잡는 데까지 나아간다. 마르크스와 엥겔스(Engels)는 이전에 동료였던 브루노 바우어(Bruno Bauer)와 여러 차례 논쟁을 벌이면서 '실천을 통한 유대'라는 기본 원리를 굳게 확립했다. 마르크스주의는 가시적인 변화를 요구한다. 마르크스는 포이어바흐(Ludwig Feuerbach)와 철학적 사상을 교류하면서 "지금까지 철학자들은 단지 세상을 해석해 왔다. 그러나 가장 중요한 것은 세상을 변화시키는 것이다"라고 선언했다.

이기적이지 않은 사람들로 구성된 새로운 세대를 향한 공산주의적 유토피아를 꿈꿀 때마다, 마르크스-레닌주의의 역사에는 '새로운 인류'를 요구하는 목소리가 거듭 울려 퍼졌다. 이 목소리가 1960년대 소련의 이념 논쟁을 지배했다. 이 주제는 가장 최근까지 소련과 중국에서 행해진 좀 더 실용적인 논의에서도 여전히 중요한 비중을 차지했다. 1986년에 발표된 문서에서 이런 사실을 분명하게 확인할 수 있다.[1]

미하일 고르바초프(Mikhail Gorbachev)의 보고서는 '사회경제적 발전의 가속화'를 주요 주제로 다루었다. 그는 '새로운 형태의 인간'이 아니라 경제를 이끌어 가는 새로운 방법, 곧 현대화에 강조점을 두었다. 그는 아마도 이념적인 동기를 부여해야 한다는 주장을 다소 식상하게 느낀 듯하다. 그는 주거와 양식, 상품의 품질, 의료의 수준이 '사람들의 의식과 정서에 직접적으로 영향을 미친다'고 생각했다.

그와 동시에 고르바초프는 그러한 개혁이 이루어지려면 사람들의 태도와 행동이 변해야 한다는 것을 분명하게 인식했다. 소위 생산 과정의

---

[1] '소련 공산당 27차 총회를 위한 중앙위원회 정치 보고서' 및 '27차 총회 결의서,' '진보된 문화와 이념을 바탕으로 사회주의 사회를 건설하기 위해 필요한 기본 지침에 관한 중국 공산당 중앙위원회의 결의서(1986년 9월)'를 가리킨다.

심리적 측면이 변해야 한다는 것이다. 그는 "사람들에게 관심을 기울이지 않으면, 우리의 계획은 조금도 실현되지 않을 것이다"라고 밝혔다. 따라서 가장 기본적으로 필요한 것은 인간의 사회적, 정신적 해방이다. 이것이 없이는 인간을 진정으로 자유롭게 할 수 없다. 고르바초프는 경제를 장악하고 있는 일부 공산당 관료들의 위선과 나태를 비판의 표적으로 삼았다. 그가 보기에, 그들 가운데는 자신이 가르치는 바를 실천하는 사람이 거의 없었다. 그는 '말과 행동이 일치하지 않는' 사람들이 너무나 많다고 지적하면서 그들을 비판했다. 사실 그런 비판은 매우 위험했다. 왜냐하면 그런 비판이 자칫 공산당의 신뢰도를 떨어뜨리고, 사회주의가 진정한 인도주의를 실현한다는 주장을 무색하게 만들 수 있었기 때문이다. 그러나 '공산당의 도덕적인 건강이 곧 사회가 건강하다는 증거'이므로, 정직과 진실, 오직 진실만을 추구하려고 노력하며, 종종 마주치게 되는 위선을 건전한 자기비판의 정신으로 극복해 나가는 일이 필요했다. 그러지 않으면, 공산당이 국가의 '정치적, 도덕적 기수(선봉)'가 될 수 없기 때문이다.

'진보된 문화와 이념을 바탕으로 사회주의 사회를 건설하기 위해 필요한 기본 지침에 관한 중국 공산당 중앙위원회의 결의서'에서도 위에서 언급한 것과 비슷한 내용이 발견된다. '소련 공산당 27차 총회의 정치 보고서' 및 '결의서'와 비교하면, 이 문서는 문화와 이념과 교육의 문제에 국한되어 있고, 경제 문제나 외교 정책은 다루지 않는다(이런 주제들은 같은 회기에 중국 공산당 중앙위원회에서 발표한 다른 결의서에서 다룬다). 그러나 이 경우에도 경제적인 발전과 진보를 바라는 열망이 주된 관심사였다. "사회주의적 현대화"라는 계획이 이 목표를 향해 가동되고 있었다.

그러한 목표를 이루는 데 '전략적으로 중요한 것'은 이념, 특히 윤리가 발전할 수 있는 여지를 만드는 것이었다. "사회주의 사회를 건설하기 위한……기본 과제는 인민을 잘 교육되고 훈련된 사회주의 시민으로 육성하여 높은 이상과 도덕적 성실성을 갖추게 하고, 국가 전체의 이념적이고도 윤리적인 기준을 향상시키는 것이다." 이 모든 것이 '사회주의적인 현대화'에 이바지해야 한다. 윤리적인 기준을 향상시키면, 그 영향이 '모든 물질적 진보에 파급되어' 노동 생산성이 증대될 뿐 아니라 '평등, 단합, 우애, 상부상조를 기초로 하여' 새롭고 더욱 고귀한 형태의 상호관계가 이루어진다. 여기에서도 "현재 권력을 장악하고 있는 공산당원들이 진정으로 인민을 섬기느냐, 아니면 관료들과 지배자처럼 인민에게 포악하게 굴고 사사로운 이익을 위해 권력을 남용하느냐" 하는 문제가 중요하게 부각되었다. 고르바초프의 보고서처럼, 이 결의서도 "공허한 말을 버리고 실질적인 일에 관심을 기울이라"라고 촉구했다. 그런 사심 없고도 헌신적인 행동은 "공산사회의 이상이 항상 힘의 원천이자 도덕적 토대가 되어야 한다"는 신념에서 우러나온다.

중국 공산당의 결의서는, 참된 사회주의와 공산주의가 실현되려면 반드시 인민의 도덕 수준이 향상되어야 한다고 강조한다. 동시에 그런 변화를, 인정할 수 없는 기존의 행위를 단번에 뛰어넘어 더 나은 행위로 나아가는 갑작스런 회심의 관점이 아니라, 점진적으로 완성의 단계에 이르는 발전의 관점으로 바라본다. 그러므로 이 결의서에서는 "사회주의 윤리는 인간의 도덕적 발달 과정에서 더 높은 단계를 지향하기 때문에 역사적으로 발달해 온 다양한 윤리 체계와 전통을 포괄하며, 단지 퇴폐적인 이념과 윤리만을 배격할 뿐이다"라고 말한다.

이러한 목적을 이루는 수단 중에 교육이 가장 중요한 위치를 차지한다는 생각은 도덕적 진보와 완전함에 대한 사상과 일맥상통한다. 중국 황실의 마지막 자손이 쓴 『나는 중국의 황제였다』(I Was Emperor of China)라는 책에서 알 수 있듯이, 공산당이 중국의 정권을 장악했던 초창기에는 이념의 재교육이 가장 주요한 관심사였다. 그러나 지금은 도덕 수준을 향상시키는 '윤리 교육'이 중국과 소련의 커다란 관심사로 대두되었다. 이런 점에서 마르크스주의는 계몽주의의 이상적인 전통을 계승하고 있다. 이것은 마르크스가 1835년에 묘사한 '존재'와 '당위'라는 인류학적인 모순("만일 인간이 선하다면, 그는 선하게 되어야 한다")을 인간의 노력으로 극복하려는 시도이다.

정리하자면, 좀 더 실용적인 노선을 추구하는 공산당 지도자들의 말에 마르크스주의의 원칙적인 이상이 고스란히 반영된 셈이다. 그런 이상은 인간의 도덕적 변화를 촉구한다. 이기주의를 극복하고 사회주의를 위한 유대감을 길러야 한다. 단지 기존의 이상을 입으로나 이론상으로만 떠받드는 것이 아니라, 일상생활의 상호 관계 속에서 그것을 실현해야 한다. 이것은 매우 적절하고도 칭찬받을 만한 사상이 아닐 수 없다.

그런데 마르크스주의는 '믿는 자들의 구주이신 살아 계신 하나님께 소망을 두는 것'(딤전 4:10 참고)을 배격한다. 따라서 그 밖의 수단을 동원하여 도덕적 변화를 이끌어 내는 요인을 찾으려 한다. 그래서 사회적 차원의 권고와 명령과 법을 통해 사람들에게 필요한 것을 요구할 수밖에 없다. 이념적인 관점에서 보면, 그런 요구는 법률의 형태로 제시된다. 그러나 성경적 신학의 관점에서 보면, 그런 방법은 이론에서 실천으로 넘어가는 과도기의 문제를 야기하고 더욱 악화시킬 뿐이다. 신약성경이 가르치는 대로, 율법(법률)은 갱생시킬 수도 없고 그것이 요구하는 바를 실행할 힘을 이끌어 낼 수도 없기 때문이다.

## 성경적인 대응

마르크스주의는 기독교의 이단이라는 말이 있다. 마르크스주의는 일종의 신앙이지만, 그 내용은 무신론적 인본주의를 토대로 한다. 이런 점에서 마르크스주의와 기독교는 매우 유사하면서도 결정적인 측면에서 전혀 다르다고 할 수 있다.

기독교 신학은 마르크스의 분석, 즉 '존재'와 '당위'의 근본적인 괴리에 대한 그의 평가에 동의한다. 또한 항상 자기비판 의식을 가지고 기본적이면서도 지속적인 도덕적 변화를 추구해야 한다는 그의 인식에도 동의한다. 성경이 가르치는 기독교 신앙은 사회적으로 적절한 도덕적 책임을 질 것을 요구한다. 그리고 단지 우주론이나 윤리 체계를 제시하는 데 그치지 않고 도덕적 변화에 초점을 맞출 뿐만 아니라, 그것이 교조주의나 실용주의에 잠식당하는 것을 용납하지도 않는다.

예수님은 군중을 먹이시면서도 그들이 예수님을 물질적인 것을 공급하는 존재로 생각하도록 놔두지 않으셨다(요 6:15 참고). 물론 기독교도 삶에 필요한 것이 모두에게 공급되어야 한다는 데 이의를 제기하지 않는다. 그러나 기독교는 "사람이 떡으로만 살 것이 아니요 하나님의 입으로부터 나오는 모든 말씀으로 살 것이라"(마 4:4)라고 가르친다. 마르크스주의자들도 이따금 이 말씀을 인용하지만, 그들은 단지 앞부분만을 강조할 뿐이다. 기독교의 관점에서 보면, 삶의 목적은 우리의 행복을 추구하는 것이 아니라 하나님의 뜻을 행하는 것이다. 그러나 유물론은 마르크스주의를 이용해 반쪽짜리 진리를 마치 온전한 복음인 양 선전한다. 우리에게는 먹을 것이 필요하지만, 그것을 소유했다고 해서 모든 문제가 해결되는 것은 아니다. 물질적인 수단으로는 도덕적인 문제를 해결할 수 없다. 그런 문제들은 자아가 지배하는 영역에 머물러 있는 한 결코 해결될 수 없다.

기독교 신앙은 인간의 개인 생활, 노동, 관계의 측면에서 변화가 일어나야 한다는 마르크스의 주장에 동의한다. 기독교는 사회적인 교육과 법률이 변화해야 한다는 것을 인정한다. 그러나 마르크스주의자들이 주장하는 것과는 달리, 기독교는 체계와 구조, 법, 인적 자원을 변화시키는 것보다는 개인의 변화에 초점을 맞춘다. 기독교는 '사회 구원'이라는 원대한 계획을 의심의 눈길로 바라본다. 왜냐하면 확신하건대, 인간에게는 그런 계획을 이룰 만한 능력이 없기 때문이다.

마지막으로, 기독교 신학은 인간이 다른 사람들과 인류에 이바지하는 방향으로 변화해야 한다는 마르크스의 사상에 동의한다. 마르크스는 인류의 도덕적 소외라는 수수께끼가 '이웃을 생각하지 않는 것'에서 비롯되었음을 정확하게 간파했다. 기독교는 좀 더 정의롭고 사랑이 넘치는 사회를 건설하려는 시도를 비웃지 않는다. 그런데 그러한 인간의 삶과 인간의 협동을 유지하는 데 따라오는 도덕적 문제는 그것을 무시한다고 해서 저절로 사라지지 않는다. 이것은 동양 사회 못지않게 서양 사회에서도 지속적으로 다루어져야 할 문제이다. 어떻게 해야 사회적으로 책임 있게 행동하도록 이끌 수 있느냐 하는 문제는, '자기중심주의' 철학이 지배하는 국가들이 당면한 문제와 연관성을 지닌다.

요컨대, 기독교 신학은 구체적인 회심의 개념을 인정한다. 그런데 성경적인 신앙은 온전한 회심, 곧 자아를 버리고 이웃에게뿐만 아니라 무엇보다도 하나님께로 돌이키는 것을 요구한다. 이것이 변화의 근본적인 동기이다. 하나님이 목적이요 보증인이 되시지 않는다면, 절대적인 도덕 기준을 제시할 근거가 없다. 하나님을 무시한 채 인간의 권위만을 변화의 근거로 삼는다면, 도덕적 상대주의로 치우칠 수밖에 없다. 왜냐하면 도덕적 결정 능력이 도덕적 기준과 자신의 이익을 혼동하기 쉬운 개인이나 특정 집단에게 부여되기 때문이다. 그렇게 되면, 가장 고귀한 차원에서 대의를 추구하는 행위조차도 결국 사사로운 목적을 이루기 위한 위선이 되기 쉽고, 올바른 변화가 이루어지기도 어렵다. 도덕적 상대주의는 관련된 모든 사람들 사이에서 도덕적 논의가 이루어질 수 없게 만든다. 다시 말해, 도덕적 제어 장치가 사라진 탓에, 가장 훌륭한 의도로 도덕적 행위를 주장했던 사람들조차도 결국 이기심을 제어할 수 없는 상태에 이르고 마는 것이다. 이런 점에서 볼 때, 정의를 추구하는 기독교 신앙은 절대적 도덕 기준을 요구할 수밖에 없다. 그리고 그러한 기준은 하나님의 권위 없이는 도저히 상상할 수 없다.

이러한 사실은 동기에 관한 문제에도 똑같이 적용된다. 집단과 사회와 국가는 본질상 사심 없는 삶의 동기를 부여하기에 충분하지 않다. 개인은 다른 사람의 도덕적 요구에 의문을 제기할 수밖에 없다. 우리는 지금 종교 없이 도덕성이 올바르게 확립될 수 있느냐 하는 문제를 다루고 있다. "너희 각 사람은 자기 이웃을 속이지 말고 네 하나님을 경외하라"(레 25:17)라는 구약의 말씀은 하나님의 권위로 도덕적 행위를 요구한다(창 50:19 참고). 동기에 관한 문제를 다루는 이 말씀에는 깊은 지혜가 있다.

또 다른 문제는, 객관적인 도덕적 요구를 어떻게 주관화하거나 내면화할 수 있느냐 하는 것이다. 기독교 신학은 교육의 힘을 빌리거나 단지 개념을 가르치는 것으로써 도덕적 변화를 이루어 내려고 하는 데 깊은 회의를 드러낸다. 그런데 마르크스주의는 그런 방법을 추구하면서 항상 이상적인 목표를 제시한다. 우리는 때때로 사회주의 국가들 안에서 민족주의라는 강력한 힘이 도덕적 목표를 이루는 동기로 작용하는 듯한 인상을 받는다. 그러나 그것은 사회주의로 향하는 과정에 간간히 자본주의의 원리를 도입하는 경우처럼, "악어의 등에 올라타 강을 건너려는" 시도에 지나지 않는다. 민족주의는 '새로운 인간'이나 '인간의 형제애'

를 창출하기는커녕, 오히려 가장 강력하면서도 고약한 '옛 사람'의 망령을 다시 불러낼 가능성이 높다.

'행정적 수단'을 동원해 사람들에게 올바른 행위를 강요하려는 시도는 헛될 뿐이다. 근본적인 도덕적 변화를 이루고자 하면서 강제력을 동원하는 것은, 처음부터 문제로 인식했던 위선과 거짓과 허식 등을 다시금 조장하는 결과를 낳을 뿐이다. 교육과 법률이라는 외적 수단은 마음과 의지 안에 침투할 수 없다. 죄인인 인간이 스스로 돌이킬 수 있다거나 다른 사람들을 돌이키게 만들 수 있다고 생각한다면, 그것은 큰 오산이다. 하나님께로 돌이키지 않고서는 스스로 돌이켜 이웃을 진정으로 사랑할 수 없다. 하나님을 발견하지 않고서는 이웃을 발견할 수 없다. 마르크스주의의 무신론은 스스로가 세운 고귀한 이상을 뒤엎을 뿐이다.

그래서 젊은 시절 마르크스는 인간이 자연 세계에서 본연의 목적을 이루지 못하는 유일한 존재라는 것을 파악하고, 온전한 도덕적 발전을 위해 기독교가 필요하다고 역설했다. 기독교는 선한 것이 내면화되어 신자를 통해 자발적으로 실현되어야 한다고 강조한다. 예수님을 만난 사람들에게서는 (세리 삭개오처럼) 요구에 의해서가 아니라 자발적으로, 강요가 아니라 필연적 결과로 도덕적 변화가 일어났다. 이것이 아우구스티누스, 베르나르두스(Bernardus), 칼빈과 같은 사람들이 "성령의 내적 증언"을 언급했던 이유이다. 성령께서는 말로 전달된 객관적인 메시지에 권위를 부여하여, 그것을 듣는 사람의 마음속에 새겨 주신다. 이것이 마음, 곧 사람의 동기의 중심을 변화시킨다. 기독교는 명제적 차원에서의 도덕적 변화를 강조하는 데 그치지 않고, 사랑을 '우리의 마음에 부은 바 된' 하나님의 선물로 가르친다(롬 5:5 참고). 이것이 없다면, 자기를 부인하고 절대적으로 옳은 기준을 향해 끝까지 헌신하는 도덕적 변화가 일어날 수 없다.

  마르크스주의자들의 이상은 매우 경탄스럽지만, 그들의 이상과 계획은 치명적인 결함을 안고 있다. 그들이 이기심과 불의에 대해 잘못 평가하고, 용서와 변화에 대해 오해하고 있기 때문이다. 때로는 기독교 신앙이 유감스럽게 생각될 때도 있지만, 기독교는 지금까지 확신과 용기를 지닌 창조적인 사람들, 곧 삶의 경로를 새롭게 바꾼 사람들을 수없이 배출했다. 그런 일은 또다시 일어날 수 있다. 하나님은 삶을 지탱하고 세상을 다스리며, 도덕적 질서를 세우고 인류의 역사를 이끄시는 분이다. 그 하나님은 어제나 오늘이나 동일하시다. 바로 그분이 지금도 동일한 방법, 곧 동일한 복음을 통해 사람들을 동일한 부활의 삶으로 이끌어 주님을 섬기게 하시고, 선한 것과 옳은 것과 명예로운 것을 세상에서 보존하게 하신다. (이론적이든 실천적이든 간에) 유물론의 파도가 거대한 산처럼 솟구쳐 오르고, 그 세력이 아무리 막강하고 사람의 힘으로 당해 낼 수 없는 것처럼 보여도, 엄연한 삶의 현실 앞에서는 그 무력함을 고스란히 드러낼 수밖에 없다. 한쪽에서는 이상주의가 허세를 부리고, 다른 한쪽에서는 문명의 이기들이 매혹적인 빛을 뿜어내지만, 인간의 마음은 하나님 안에서 안식을 찾을 때까지는 결코 평안할 수 없다.

CHAPTER **8**

# 미래를 향하여

성경의 가르침은 1,900년의 시간이 흐르는 동안에도 사라지지 않았다. 그러나 그동안 일어났던 다른 일들(위대한 업적, 잔인한 행위, 사상이나 희망)은 모두 잊혔다. 세월이 지나면서 권력가들은 지위를 잃었고, 유명인은 기억에서 사라졌으며, 왕들과 통치자들은 자취를 감추었고, 제국들은 무너졌으며, 문명은 새롭게 변했다. 그러나 그리스도에 관한 지식이나 사도들의 가르침은 여전히 건재하다. 지옥의 문도, 세월의 힘도 회심에 관한 성경의 가르침을 없애거나 그리스도의 교회를 말살하지는 못했다. 20세기를 살아가는 우리로서는 참으로 다행스러운 일이 아닐 수 없다. 왜냐하면 오늘날 온갖 자랑스러운 발전을 이룩한 우리에게도 지난날의 그 어떤 세대 못지않게 복음이 전하는 구원의 진리가 필요하기 때문이다.

그러나 지금까지 살펴본 대로, 회심에 관한 교회의 가르침은 시대에 상관없이 획일적인 것이 아니었다. 각 시대의 특징이 교회의 가르침에 영향을 미쳤다. 새로운 문제나 도전이 제기될 때마다 새로운 대응책이 필요하다. 그런 대응책은 하나님의 백성이 그분의 진리를 새롭게 이해하도록 돕는다. 그러나 어떤 경우에는 전혀 바람직하지 못한 문화적 성향이 개인의 생각에 영향을 미치기도 한다. 그런 힘과 동력은 지금까지 알아 왔던 사실을 뒤바꾸어 과거와의 연속성을 제한하거나 단절시키는 결과를 낳는다.

우리 시대도 예외가 아니다. 새로운 도전과 문화적 영향력이 회심에 관한 이해를 왜곡시키고 있다. 특별히 중요한 요인이 두 가지 있다. 첫째, 오늘날은 텔레비전의 시대이다. 텔레비전은 대중적인 논의에 영향력을 미친다. 이러한 점이 1988년에 방송된 미국의 대선후보자 토론의 결과에서 가장 선명하게 드러났다.

다음과 같은 상황을 비교해 보자. 19세기 중반에 아브라함 링컨(Abraham Lincoln)과 스티븐 더글러스(Stephen Douglas)는 일곱 번에 걸쳐 공개 토론을 벌였다. 그들이 선택한 토론 방식은 당시의 기준으로 볼 때 시간적으로 다소 충분하지 못한 감이 있었다. 더글러스가 먼저 1시간 동안 말하고 나면 이어서 링컨이 1시간 30분 동안 논박했다. 그러고 나서 더글러스가 다시 30분 동안 논박하고 자신의 주장을 결론지었다. 그와는 대조적으로, 두카키스(Dukakis) 주지사와 부시(Bush) 부통령은 단 두 차례 토론을 벌였다. 그들은 소위 토론한다고 하면서 그저 기자들의 질문에 대답하는 형식을 취했다. 대답하는 시간은 2분으로 제한되었고, 그다음에는 상대방이 1분 동안 논박하는 형식이었다. 링컨과 더글러스의 토론 방식은 오늘날 모두 사라지고 만 요소들(지속적으로 주의를 기울여 상대방의 말을 듣는 것, 일관성 있는 주장을 펼치는 것, 개념들을 파악하는 것 등)을 고루 갖추고 있었다. 그들의 방식은 상대방에게 생각하는 능력을 요구했다.

그런데 오늘날의 서구 국가들에서는 이런 것들이 차츰 사라지고 있다. 기독교 신앙을 전하는 방식도 100년 전과는 사뭇 달라졌다. 오늘날 복음의 메시지는 단편적으로 축소되어 간간히 농담 섞인 일관성 없는 말과 함께 전해진다. 대다수 청중이 자신의 입맛에 맞지 않거나 곧바로 이해할 수 없는 설교를 견뎌 내지 못하기 때문이다. 정치만 가벼워진 것이 아니라 우리의 삶과 공적 대화도 전체적으로 가벼워졌다. 기독교도 이런 추세에서 자유롭지 못하다. 우리가 지금 서구 사회에서 목격하는 모습은 앞으로 세계의 곳곳에서 일어날 일의 전조이다. 텔레비전과 현대성은 불가분의 관계를 맺고 있다. 제3세계 국가들 가운데 '현대적인' 인간들이 누리게 될 문명의 이기에 무관심할 국가는 하나도 없을 것이다. 그런 문명의 이기 중 하나가 바로 가정에 보급된 텔레비전이다.

첫 번째 요인과 연관된 두 번째 중대한 요인은 신앙을 심리학적으로 이해하는 데 관심이 커지는 현상이다. 이것은 특별히 서구 사회에서 발견되는 현상이지만, 텔레비전처럼 전 세계로 확산될 가능성이 매우 높다. 심리학적인 관심이 고조되면서 외적인 것보다는 내적인 것에, 믿어야 할 대상보다는 믿는 행위 자체에, 진리보다는 기분을 좋게 하는 것에 초점이 맞춰진다. 이런 변화는 부패한 본성을 그릇된 태도 정도로 축소하여 이해하고, 행복을 의로움보다 더욱 높은 위치에 두게 만들었다. 진리를 감정으로 대체하는 것은 현실을 텔레비전 영상으로 대체하는 것과 매우 흡사하다. 텔레비전이 만들어 낸 온갖 허상이 환상을 갈망하는 심리 상태를 부추긴다. 그런 상태로는 회심을 올바로 이해할 수가 없다. 환상을 만들어 내고 환상을 갈망하는 두 가지 현상 때문에, 현대인들은 현실을 집중하여 바라보지 못하게 되었으며, 그런 현대인들의 구미에 맞춰 종종 기독교 메시지가 초라하고 불완전하게 축소되고, 회심 사건도 개인의 내면에만 국한하여 이해하는 결과가 나타났다. 각 사람은 하나님이 그런 회심을 허락하셨다고 생각하면서, 평화와 만족을 느끼기 위해 자신의 개인적인 심리 상태를 조절한다.

오늘날 소위 간증이라고 일컬으며 공적으로 발표되는 주관적인 체험담에 많은 사람들이 관심과 신뢰를 보이는 이유도 이런 현상과 무관하지 않다. 오늘날 사람들은 온갖 근심과 불안과 피로에 찌들어 있다. 그래서 다른 사람들이 얻었다고 말하는 내적 평화를 추구하는 열망이 매우 크다. 사람들은 '저 사람은 어떻게 해서 저렇게 되었을까? 저 사람의 비결은 무엇일까? 어쩌면 나도 저 사람처럼 될 수 있을지 모른다'라고 생각한다. 많은 사람들이 그런 의문과 바람을 가지고 있기 때문에 간증이 복음전도에서 단골 메뉴로 활용되고 있다. 간증을 통해 그런 의문에 대답하는 방식과 그것을 들은 사람들이 마음속에 떠올리게 되는 생각

때문에, 기독교의 회심이 성경적인 방식으로 분명하게 이루어지지 않는 경우가 많다. 그렇다면 기독교의 근본 교리를 과연 어떻게 이해해야 옳을까?

## 믿어야 할 복음

기독교 신앙은 내적 만족을 가져다주지만, 그것이 궁극적인 목표는 아니다. 기독교 신앙은 행복을 가져다주지만, 거기에만 관심을 기울이지는 않는다. 기독교 신앙은 건강이나 부가 아니라 고난을 향해 나아가는 길이다. 실제로 세계의 많은 곳에서 기독교 신앙 때문에 심각한 핍박이 자행되고 있다. 예수님은 자기만족을 추구하지 말고 자신을 비우고 십자가를 짊어지라고 말씀하셨다. 그런데 서구인들은 도대체 무슨 생각으로 만족과 풍요의 관점으로 복음을 뜯어고치려 든단 말인가? 복음이 그런 식으로 잘못 이해되어 왔으니 본래의 의미를 모두 잃고 우스꽝스럽게 변한 것은 당연한 결과이다.

먼저, 복음의 일차적인 목적이 우리 자신을 만족시키는 것이 아니라는 점을 이해해야 한다. 복음은 우리가 원하거나 필요로 하는 것을 제공하는 수단도 아니고, 자기 성장이나 자기 성취를 이루는 수단도 아니다. 복음은 우리의 내면을 풍요롭게 만드는 수단도 아니고, 우리 자신에 대해 긍정적으로 생각하게 만드는 수단도 아니다. 복음을 믿으라는 초청이 우리에게 주어진다고 해도, 복음은 결코 우리 자신에 관한 것이 아니다. 복음은 그리스도에 관한 것이다. 복음은, 은혜의 사역 없이는 구원받을 수도 없고 하나님께 복종할 수도 없는 우리 죄인들을 위해 행하시는 성삼위 하나님의 사역에 관한 것이다(롬 8:6-8 참고).

바울은 에베소 신자들에게 복음을 전했다. 그는 에베소서의 첫 장에서 긴 문장으로 성부 하나님(성부 하나님은 나중에 성자를 통해 믿음을 가지게 될 사람들을 성자와 더불어 선택하셨다)과 성자 하나님(성자의 속죄 사역을 통해 죄 사함과 구원이 이루어졌기 때문에 성부 하나님의 계획이 알려졌고, 또 알려질 수 있었다)과 성령 하나님(그리스도의 백성을 복음과 믿음을 통해 하나님께로 인도하여 구원의 확신을 가지게 하신다)의 사역을 높이 찬양한다(엡 1:3-10,13,14 참고).

물론 바울이 복음을 전할 때마다 이런 복음의 요소가 모두 분명하게 드러난 것은 아니다. 그러나 그의 복음전도에는 그런 요소들이 우리의 부족함을 충분히 일깨우고도 남을 만큼 자주 등장했다. 바울의 복음전도와 비교하면, 오늘날 우리가 종종 듣게 되는 복음은 너무나 축소되어, 마치 다른 성경에서 나온 듯한 인상을 풍긴다. 예를 들어, 안디옥, 아덴, 루스드라에서 바울이 전한 복음 설교를 생각해 보자(행 13:16-41, 17:22-31, 14:15-17 참고). 그의 설교에는 정해진 틀이 없었다. 그래서 그의 설교들은 겉으로 보기에는 서로 매우 다른 것처럼 비쳐진다. 그런 차이가 나타난 이유는 청중들이 달랐기 때문이다. 먼저, 안디옥에서는 유대인을 상대로 설교했기 때문에 유대인의 역사에서부터 시작했다. 그다음으로, 아덴에서는 헬라인들에게 복음을 전했기 때문에 그들이 잘 알지도 못하고 관심도 없는 유대인의 역사는 제쳐두고, 그 지역의 우상숭배를 지적하는 한편, 그들이 알고 있는 시인의 글을 인용했다. 마지막으로, 헬라 문화나 유대인의 성경을 잘 모르는 루스드라에서는 창조부터 시작해 그들에게 익숙한 자연과 삶의 경험을 언급했다. 그런데 세 편의 설교들에서는 한 가지 흥미로운 사실을 발견할 수 있다. 이 설교들의 형식은 다르지만 내용이 놀랍도록 유사하다는 것이다. 세 설교가 모두 역사를 다루었다. 바울은 유대인의 역사(행 13:16-23 참고)와 하나님을 찾으려고 노력했던 인간의 역사(행 17:23-28 참고), 과거 종교의 역사(행 14:15-17 참고)를 언급했다. 그러고 나서 두 편의 설교에서는 예수님이 그 역사의 정점이요 완성이시라고 강조했다(행 13:24,25, 17:31 참고). 다만 루스드라에서는 동요한 군중 때문에 온전히 설교하지 못했다. 바울은 온전한 두 편의 설교에서 예수님의 죽으심과 부활(행 13:26-29, 17:30,31 참고), 그분을 통해 주어지는 칭의와 용서(행 13:39, 17:31 참고), 성자에 관한 진리, 구원을 거부하는 사람들을 향한 하나님의 심판(행 13:40,41, 17:31 참고)을 선언했다.

이런 핵심 내용을 한데 묶으면, 바울이 실제로 전한 복음의 본질을 파악할 수 있다. 그의 출발점은 사람들에게 만족을 주는 것이 아니었다. 그는 소비자 이론이 요구하는 것과는 달리, 복음의 의미를 개인의 필요라는 제한된 틀에 끼워 넣지 않았다. 그는 죄인의 외부에 있는 역사를 폭넓게 언급하는 것에서부터 시작했다. 하나님은 그런 사건들 속에서 역사하셨다. 그분은 일반적으로는 창조와 문화에 관해 역사하시고, 특별하게는 그분의 백성, 곧 유대인들의 삶에 관해 역사하신다. 그것이 바울이 언급한 객관적인 진리이다. 그는 주관적인 필요에 초점을 맞추지 않았다.

하나님은 성자께서 강림하실 때를 위해 사람들을 준비시키셨다. 그분은 세상에서 물러나 뒷짐을 지고 계시지 않았다. 하나님은 성자의 인격을 통해 결정적으로 역사하셨다. 성경은 성자의 강림과 죽음을 예언했다. 사도들도 예수님을 증언하고 그분의 강림과 죽음의 의미를 설명했다. 그러나 메시아를 십자가에 못 박아 죽인 유대인들은 귀를 막고 듣지 않았다. 하나님은 그리스도의 십자가를 통해 그 어떤 인간도 할 수 없는 방법으로 죄의 문제를 온전히 해결하셨다. 하나님은 성자를 통해 자신의 세상을 훼손하고 망가뜨린 모든 것에 대해 승리를 거두셨다. 구원 사역이 완성되었고, 그리스도께서 죽은 자 가운데서 부활하셨다. 그리고 장차 그분이 다시 오셔서 모든 사람들을 궁극적으로 심판하실 것이다. 참으로 놀라운 복음이 아닐 수 없다.

이 복음과 비교하면, 우리가 오늘날 종종 듣는 복음은 너무나 초라하다. 오늘날의 설교는 내적 경험에 집중한다. 심지어 온 우주의 하나님이 오히려 제멋대로 구는 죄인을 만날 수 있는 것을 특권까지는 아니더라도 적어도 기쁨으로 여기실 것이라고 기대하는 듯하다. 마치 하나님을 죄인이 원하는 것(만족과 평안)을 허락하실 때에만 가치 있는 분인 양 제시하고, 그렇게 할 때 비로소 죄인의 흥미를 자극하실 수 있는 분인 양 착각하는 듯하다. 실로 죄인은 위대하신 하나님의 왕권과 죄를 용서

하시는 은혜를 감사함으로 받아들여야 한다. 그런데도 도리어 죄인의 입맛에 맞추어 하나님의 구원을 제시하는 태도는 참으로 기괴하기 이를 데 없다.

우리가 내적으로 느끼는 것(우리가 강렬하게 느끼는 욕구)과 그리스도께서 외적으로 행하신 사역의 관계가 실종되고 말았다. 그 관계를 회복해야만 한다. 왜냐하면 믿음을 받아들이는 것은 하나님의 사역, 곧 우리를 의롭다 하시고, 우리를 그리스도께 접붙여 그분의 죽음과 부활에 참여하게 하시며, 우리를 자녀와 상속자로 입양하시고, 성령을 선물로 허락하여 우리 안에 거하게 함으로써 우리를 자신의 백성으로 인치시는 사역과 밀접한 관계를 맺고 있기 때문이다. 이런 관계가 불투명해지거나 내적인 필요를 외적인 구원의 은혜보다 더 중요하게 생각한다면, 하나님보다 인간에게 더 집중하는 결과를 낳을 수밖에 없다.

구체적으로 말하자면, 설교가 상담이 되고, 설교의 초점이 하나님의 진리를 발견하는 것이 아니라 우리가 어떻게 해야 하는지에 맞춰지게 된다. 십자가를 강조하면 오직 하나님만이 우리를 구원하실 수 있다는 진리가 부각되지만, 반면 인간의 경험이 중심이 되면 오직 하나님만이 우리를 구원하실 수 있다는 진리가 희미해진다. 결국 복음은 인간 중심이 되고, 구원의 확신과 믿음의 기쁨도 사라지고 만다. 우리의 변덕스러운 내적 경험에 초점을 맞춘다면, 구원의 확신과 믿음의 기쁨이 유지될 수 없다. 그렇게 되면, 성자 안에서, 성자를 통해 하나님이 행하신 사역의 위대함과 은혜로움과 경이로움이 모두 사라지고 만다. 결국에는 약삭빠르게 머리를 굴려 하나님으로부터 원하는 것을 받아 내려고 애쓰는 죄인만 남을 뿐이다.

## 믿는 사람들

기술 문명은 자신이 모든 것을 할 수 있다고 생각하는 사람들을 배양한다. 왜냐하면 기술 문명 자체가 모든 힘을 지닌 듯 빠르게 발전하고 있기 때문이다. 오늘날의 기술 문명 사회는 당장 해결책을 찾지는 못하더라도 결국 모든 문제의 해결책을 발견하게 되리라는 신념에 사로잡혀 있다. 현대인은 기술과 노력과 적절한 적용과 인간의 천재성을 하나로 결합하면, 언젠가는 모든 문제를 해결할 수 있으리라 확신한다. 오늘날 인간의 정신에 관한 문제도 특별히 다르지 않기 때문에, 명석한 분석과 노력과 사회적 변화를 하나로 묶으면 그런 문제를 해결할 수 있으리라 생각하는 사람들이 많은 것도 별로 놀라운 일이 아니다.

그러나 인간은 외부 세계를 정복하는 일에는 눈부신 성과를 이루었을지 몰라도, 내면의 세계는 아직 정복하지 못했다. 이 사실은 우리의 시대를 위험에 빠뜨린다. 인간의 정신에 도사리고 있는 어두운 욕망과 악덕이 과거에는 활과 화살을 통해 표출되었지만, 지금은 독가스를 통해 표출되고 있다. 과거에는 국지적으로 전쟁이 발발했지만, 지금은 비인간적인 성향 아래 온 사회가 억압과 세뇌와 통제를 당하기에 이르렀다. 인간의 정신이 오늘날보다 더 고약하고 잔인했던 적은 일찍이 없었다.

그 고약함과 잔인함을 표현하는 수단은 때때로 가장 무서운 악몽보다 더 심하게 발전해 왔다. 우리가 외부 세계의 많은 분야에서 막강한 힘을 키웠다고 해서 영적, 심리적 차원에서도 자신을 통제할 수 있으리라 착각해서는 안 된다. 외부 세계를 지배하는 우리의 힘은 양날의 검이 되어 우리를 섬길 수도 있고, 우리를 해칠 수도 있다.

물론 오늘날의 복음 설교는 노골적으로 우리가 스스로를 통제하고 구원할 수 있다고 주장하지는 않는다. 그러나 형태만 좀 더 부드럽고 거부감이 적어졌을 뿐, 사실은 그와 똑같은 생각을 부추긴다. 즉, 죄인의 내면에 하나님의 은혜를 촉발시켜 회심을 끌어낼 수 있는 능력이 존재한다고 생각하는 것이다. 이것은 현대에 들어서 기독교적 사고를 지배하게 된 여러 가지 큰 변화들 가운데 하나이다. 유럽의 종교개혁 시대나 그 이후 미국의 19세기 중엽까지만 해도, 죄가 인간의 인격에 침투해 마음과 정신과 생각을 온전히 사로잡고 있기 때문에 하나님의 주권적인 은혜가 개입하지 않으면 아무도 하나님을 구하거나 바랄 수 없다는 믿음이 확고하게 정립되어 있었다. 이것이 '죄 아래에 있다'는 것이며, 죄의 포로가 된 상태이다. 바울은 다음과 같이 말한다.

"의인은 없나니 하나도 없으며……하나님을 찾는 자도 없고……선을 행하는 자는 없나니 하나도 없도다……파멸과 고생이 그 길에 있어……그들의 눈 앞에 하나님을 두려워함이 없느니라"(롬 3:10-18).

이것이 타락한 인간의 모습이다. 이전에는 개혁주의자든 아르미니우스주의자든 모든 복음전도자들이 이런 믿음을 가지고 있었다. 그러나 오늘날에는 그렇지 않다. 우리는 죄에 관한 성경의 가르침을 잃어버렸다. 우리가 전하는 복음 설교가 이 사실을 분명하게 보여 준다. 결국 우리의 복음 설교가 너무나 빈약해졌다. 오늘날 우리는 죄에 대한 온전한 교리를 회복해야 한다. 오늘날 무엇이든 할 수 있다고 부추기는 문화의 유혹을 뿌리치고, 모든 사람이 죄 가운데 있기 때문에 자신을 구원할 능력이 없으며, 생명을 주는 성령의 사역이 없이는 하나님이나 그리스도나 복음을 향해 선한 마음을 가질 수 없다는 성경의 가르침을 힘써 전해야 한다. 우리 자신의 힘에 근거를 둔 회심은 우리 자신의 행위에 근거를 둔 칭의처럼 절대 있을 수 없다. 왜냐하면 타락한 인간은 무기력하며, 하나님을 기쁘시게 하는 모든 것과 관계를 맺을 능력이 전혀 없기 때문이다. 회심은 하나님의 재창조 사역이다. 자연 세계의 창조처럼, 회심도 오직 하나님만이 하실 수 있는 사역이다.

이런 사실을 기억한다면, 회심이 인격 전체를 포함하는, 심원하고도 포괄적인 하나님의 사역이라는 점을 알 수 있을 것이다. 이와 대조적으로, 하나님과 죄인이 협력해 구원을 이룬다고 가르치는 복음은 항상 반쪽짜리 구원에 그칠 가능성이 높고, 회심에 관하여 온전하지 못한 이해를 부추기기 십상이다(오늘날의 복음 설교 가운데 대부분은 오직 은혜로 구원받는다는 진리를 존중한다고 하면서도 그런 협력을 강조하는 것처럼 들린다). 죄인은 죄에서 구원받아야 하는 존재이다. 죄인은 죄 말고는 자신의 구원에 아무런 기여도 할 수 없다. 이 점을 부인한다면, 하나님의 역사가 일어날 수 없다. 그리고 하나님의 역사가 일어나지 않는다면, 그분의 구원 능력을 경험할 수 없다. 하나님의 사역에 인간의 힘을 더하려 한다면, 그것은 풍성한 구원이 아니라 궁핍한 구원이며, 심원한 사역이 아니라 피상적인 사역으로 끝나기 마련이다. 즉, 내면화되어야 할 것이 그대로 밖에 머물러 있는 결과가 나타날 수밖에 없다. 하나님은 자신이 행하신 일의 영광을 다른 누구와도 공유하지 않겠다고 말씀하셨다. 그것을 그분과 공유하려는 것은 교만이다.

책에서 읽거나 입을 통해 전해진 그리스도에 관한 진리가 생생하게 느껴지기 시작할 때, 비로소 마음속에 믿음이 싹트기 시작한다. 하나님의 거룩하심과 사랑, 우리를 대신해 자신을 내주신 그리스도, 죄와 죽음과 마귀에 대한 그분의 승리, 우리의 부패함과 죄책과 불행과 절망에 관한 진리를 깨달아야 한다. 은혜의 말씀을 들으면 감정이 움직이기 마련이다. 자신의 영적 현실을 인지하는 것 자체는 감정과 무관하지만, 종종 그로 인해 불안이나 두려움, 수치심, 기쁨과 같은 감정이 수반된다. 지식(기독교 신앙의 진리를 이해하는 것)에서 시작한 믿음은 의지의 동의를 통해 싹트고, 그런 동의는 진정한 신뢰를 이끌어 낸다. 그리고 그로써 참된 회개가 이루어져 죄를 버리고 그리스도께로 돌이키는 역사가 일어난다.

참된 회심은 죄를 의식하고 자신을 낮추는 겸손한 마음을 요구한다. 결신을 이끌어 내는 데만 초점을 맞춰 복음을 전하는 사람은 분명히 이런 주장을 매우 못마땅하게 여길 것이다. 그들은 이런 주장이 괜스레 상황만 복잡하게 만들 뿐이고, 오히려 회심할 여지가 있는 사람들을 멀리 내쫓을 가능성이 높다고 생각한다. 그들은 요즘같이 상업적인 세상에서는 부드럽고 잔잔한 배경음악을 준비하고 상품을 잘 포장해 쉽게 신뢰를 얻도록 하는 등, 모든 것을 소비자의 편의에 맞춰 매매를 성사시키는 것이 중요하다고 주장한다. 그들은 소비자와의 거래가 성사되는 마법 같은 순간에 그 어떤 방해물도 개입해서는 안 된다고 말한다. 한 마디로, "간단히 믿게 할 수 있는 것을 왜 굳이 어렵게 만드느냐?" 하는 식이다.

그러나 믿음을 가지기가 어려운가 쉬운가 하는 문제보다는 참과 거짓을 가려 선택하는 것이 중요하다. 물론 간단하게 참된 믿음을 소유할 수도 있다. 그러나 거짓으로 만들어 낸 믿음은 소유할 가치가 없다. 올바른 믿음을 갖지 못하면, 인생의 폭풍우를 견딜 수 없다. 우리가 짊어져야 할 죄의 무게를 의식하지 못하면, 우리를 대신해 죄를 짊어지신 그리스도의 은혜를 구할 수 없다. 사실 죄를 깨닫는 행위 그 자체는 아무런 영적 가치가 없으며, 특별한 공로가 되지 못한다. 그러나 죄를 깨닫지 못하면 우리가 죄인이라는 사실을 알 수 없고, 따라서 복음을 믿고 구원받고자 기대할 수도 없다.

우리가 율법의 요구를 충족시키며 살아갈 능력을 가지고 있기 때문에 율법이 주어진 것이 아니다. 오히려 그 반대이다. 율법은 우리의 내적 실패를 드러내고 우리의 부패한 동기를 들춰내며, 하나님과 그분의 진리를 무시한 채 우리 자신과 우리의 관심사를 중요하게 여기는 고집스러운 성향을 폭로한다. 이것이 율법이 우리에게 주어진 목적이다. 캘리포

니아의 한 유명한 설교자는 십계명을 연속으로 강해하면서 설교의 부제를 '자기 자신에 대해 좋은 감정을 느끼는 방법'으로 정했다고 한다. 실로 그는 율법의 기능과 사역에 관해 기본적인 것조차 외면하고 있다.

엄격한 율법의 진리를 통해 겸손해지는 것은 결코 유쾌한 경험이 아닐 것이다. 그러나 그것은 꼭 필요한 일이다. 왜냐하면 그 일을 통해 죄 가운데 살던 옛 삶을 버리고 그리스도께로 돌이키게 되기 때문이다. 지난날의 삶에 실망하고 허무함과 혐오감을 느껴야만 그리스도께로 나아가려는 마음을 가질 수 있다. 그리스도인에게는 그런 과정이 반드시 필요하다. 왜냐하면 구원 얻는 믿음에 이르는 다른 지름길은 없기 때문이다.

그렇다면 그런 과정을 거쳐 목적지에 도달했다는 사실을 어떻게 확인할 수 있을까? 율법의 사역으로 죄인이 그리스도께로 돌이켰다는 사실을 어떻게 알 수 있을까? 그 대답은 두 가지이다. 첫째, 성령께서 주시는 확신을 통해 알 수 있다. 이 확신이 믿음의 일부인지, 아니면 믿음의 결과인지는 크게 중요하지 않다. 그보다는 전통적인 로마 가톨릭주의에 맞서 '확신'이 하나님의 자녀의 생득권에 속한다고 증언하는 것이 더 중요하다. 하나님은 우리가 우리 자신의 믿음에 대해 어느 정도 확신하기를 바라신다. 비록 삶에서 하나님의 존재와 선한 의지와 사랑과 거룩함을 의심하게 되더라도, 우리는 그분이 항상 그리스도 안에서 자기 백성에게 영원히 변하지 않는 사랑을 베푸신다는 사실을 확신해야 한다. 이것이 하나님이 우리에게 원하시는 것이다.

둘째, 회심의 진정성은 회심한 사람의 삶을 통해 확인된다. 씨 뿌리는 자의 비유에서 경고하듯이, 기독교적인 것을 열광적으로 받아들이는 것이 반드시 영적 거듭남의 증거는 아니다. 경우에 따라 잘못된 정보나 불완전한 지식만으로도 얼마든지 결신할 수 있다. 또한 그리스도를 진심으로 믿지 않으면서도 그저 결신의 행동만을 취할 수도 있다. 그러나 그리스도를 진심으로 믿지 않으면 구원받을 수 없기 때문에, 그러한 결신의 행동은 회심의 증거가 될 수 없다. 믿음을 증명하는 유일한 증거는 삶의 진정한 변화이다.

하나님이 죄를 기뻐하지 않으신다는 것을 알고, 날마다 죄에서 돌이켜 그리스도를 따르며, 그분을 의지하는 믿음으로 살고, 그분께 늘 용서와 은혜와 인도하심을 구하는 것! 이것이 바로 회심의 진정성을 보여 주는 증거이다. 그리스도를 믿는다는 고백은 자신을 부인하고 날마다 자기 십자가를 지고 그분을 따르며, 자신의 관심사보다 하나님 나라를 먼저 구하고, 우리를 사랑하시는 그분의 사랑 때문에 그분의 백성을 사랑하며 섬기는 삶으로 이어져야 한다. 기독교인다운 성품을 드러내고 하나님의 통치 아래 그분의 뜻대로 살아가는 법을 배우며, 그분을 주권적인 창조주요 만물을 보존하시는 섭리주로 인정하고, 그분이 베푸시는 온갖 좋은 선물과 경험을 감사함으로 받아들이며, 실망스러운 일이 닥쳐도 그분의 변함없는 선하심을 깊이 확신함으로써 복종하는 삶을 사는 것이 회심의 증표이다. 진정한 회심은 하나님과 그분의 영광을 사랑하며, 범사에 그분을 섬기고 영화롭게 하는 삶의 증거를 나타내기 마련이다. 믿음을 고백하는 사람의 진정성을 증명하는 유일한 증거는 믿음의 삶을 사는 것이다.

　인간적으로 생각하면, 기독교 신앙은 한 세대도 채 지나지 않아 종말을 맞이할 것처럼 보인다. 그러므로 각 세대는 신중히 기독교 신앙의 본질을 온전히 보존하기 위해 노력해야 한다. 그것은 결코 쉬운 일이 아니다. 우리가 갈망하는 피난처, 곧 삶을 뒤흔드는 고통과 혼란도 없고 온갖 악과 오류로부터 자유로운 안전한 피난처는, 오직 우리를 사랑하사 불의한 자를 의롭다 하시려고 자기를 내주심으로써 영원히 살아 계시는 하나님을 알게 해 주신 그리스도 안에만 존재한다. 그러나 우리는 연약하며, 고통스러운 한계를 가진 존재이다. 따라서 우리는 오로지 하나님 안에서만 힘과 희망을 찾겠다고 더욱 굳게 결심해야 한다. 배우고 인내하며 기독교적 삶을 실천하려고 노력한다면, 하나님께서 인간적인 노력만으로 끝나게 내버려 두지 않으실 것이다.

# | 참고문헌 |

Alexander, Archibald. *Thoughts on Religious Experience.* Edinburgh: Banner of Truth, 1967.

Alfoldi, Andras. *The Conversion of Constantine and Pagan Rome.* Translated by Harold Mattingly. Oxford: Clarendon, 1948.

Ali, Abdullah Yusuf. *The Meaning of the Glorious Qur'an.* Cairo: Dar al-Kitab al-Masri, 1938.

Baillie, John. *Baptism and Conversion.* New York: Scribner, 1963.

Barclay, William. *Turning to God: A Study of Conversion in the Book of Acts.* Philadelphia: Westminster, 1964.

Barnhart, Joe E. *The New Birth: A Naturalistic View of Religious Conversion.* Macon, GA: Mercer University Press, 1981.

Barrett, David. *Schism and Renewal in Africa: An Analysis of Six Thousand Contemporary Religious Movements.* Nairobi: Oxford University Press, 1968.

Baxter, Richard. *A Call to the Unconverted.* Princeton: Princeton University Press, 1827.

─────. *A Treatise on Conversion.* New York: American Tract Society, n.d.

Bella, Robert, and Philip E. Hammond. *Varieties of Civil Religion.* New York: Harper and Row, 1981.

Berger, Peter L. *A Rumor of Angels.* Garden City, NY: Harper and Row, 1970.

Best, W. E. *Regeneration and Conversion.* Grand Rapids: Baker, 1975.

Bockmuehl, Klaus. *The Challenge of Marxism*. Leicester: Inter-Varsity, 1980.

Brandon, Owen. *The Battle for the Soul: Aspects of Religious Conversion*. Philadelphia: Westminster, 1959.

Buckland, R. *Children and God*. London: Scripture Union, 1988.

Caldwell, Patricia. *The Puritan Conversion Narrative: The Beginnings of American Expression*. Cambridge: Cambridge University Press, 1983.

Chesterton, G. K. *The Catholic Church and Conversion*. New York: Macmillan, 1961.

Citron, Bernhard. *New Birth: A Study of the Evangelical Doctrine of Conversion in the Protestant Fathers*. Edinburgh: University Press, 1951.

Colson, Charles W. *Born Again*. Tappan, NJ: Chosen, 1976.

Conn, Walter E., ed. *Conversion: Perspectives on Personal and Social Transformation*. New York: Alba House, 1978.

Costas, Orlando. *The Church and Its Mission: A Shattering Critique from the Third World*. Wheaton: Tyndale House, 1974.

Dumoulin, H. *Zen Enlightenment: Origins and Meaning*. Translated by J. C. Mavaldo. New York: Weatherhill, 1979.

Dunn, J. D. G. *Baptism in the Holy Spirit*. London: SCM, 1970.

Eadie, John W. *The Conversion of Constantine*. New York: Holt, Rinehart, and Winston, 1971.

Edwards, Jonathan. *The Treatise on Religious Affections.* New York: Yale University Press, 1959.

Elwood, D. *Church and Sects in the Philippines.* Dumaguette, Philippines: Silliman University Press, 1968.

Engel, James F., and H. W. Norton. *What's Gone Wrong with the Harvest.* Grand Rapids: Zondervan, 1975.

Erickson, E. Identity, *Youth and Crisis.* New York: Naten, 1968.

Eusden, John Dykstra. *Zen and Christian: The Journey Between.* New York: Crossroad, 1981.

Ferm, Robert O. *The Psychology of Christian Conversion.* Westwood, NJ: Revell, 1959.

Gaventa, B. R. *From Darkness to Light: Aspects of Conversion in the New Testament.* Philadelphia: Fortress, 1986.

Gillespie, Virgil B. *Religious Conversion and Personal Identity: How and Why People Change.* Birmingham, AL: Religious Education Press, 1979.

Grayzel, Solomon. *A History of the Jews.* Philadelphia: Jewish Publication Society of America, 1968.

Green, E. M. B. *Evangelism in the Early Church.* London: Hodder and Stoughton, 1970.

Green, Richard. *The Conversion of John Wesley.* London: Epworth, 1937.

Gritsch, Eric W. *Born-Againism: Perspectives on a Movement.* Philadelphia: Fortress, 1982.

Guardini, Romano. *The Conversion of Augustine.* Translated by Elinor Brieks. Westminster, MD: Newman Press, 1960.

Harran, Marilyn J. *Luther on Conversion: The Early Years.* Ithaca, NY: Cornell University Press, 1983.

Hick, John. *God and the Universe of Faiths.* New York: St. Martin, 1974.

Holladay, William C. *The Root Subh in the Old Testament.* Leiden: E. J. Brill, 1958.

James, William. *The Varieties of Religious Experience.* New York: Modern Library, 1936.

Johnson, Cedric B. *Christian Conversion: Biblical and Psychological Perspectives.* Grand Rapids: Zondervan, 1982.

Jones, E. Stanley. *Conversion.* New York: Abingdon, 1959.

Kasdorff, Hans. *Christian Conversion in Context.* Scottdale, PA: Herald, 1980.

Kearney, Michael. *World View.* Novato, CA: Chandler and Sharp, 1984.

Kerr, Hugh T., and John M. Mulder. *Conversions: The Christian Experience.* Grand Rapids: Eerdmans, 1983.

Kim, Seyoon. *The Origin of Paul's Gospel.* Grand Rapids: Eerdmans, 1982

King, John O. *The Iron of Melancholy: Structures of Spiritual Conver-*

sion. Middletown, CT: Wesleyan University Press, 1983.

Krailsheimer, A. J. *Conversion*. London: SCM, 1980.

Linder, Robert, and Richard Pierard. *Twilight of the Saints: Biblical Christianity and Civil Religion in America*. Downers Grove: InterVarsity, 1978.

Lohfink, Gerhard. *The Conversion of St. Paul: Narrative and History in Acts*. Chicago: Franciscan Herald Press, 1976.

Machen, J. Gresham. *The Origin of Paul's Religion*. Grand Rapids: Eerdmans, 1965.

McFarland, H. M. *The Rush Hour of the Gods*. New York: Macmillan, 1967.

McLellan, D. *Karl Marx: His Life and Thought*. New York: Harper, 1977.

Miller, Glenn T. *The Rise of Evangelical Calvinism: A Study in Jonathan Edwards and the Puritan Tradition*. New York: Miller, 1971.

Newbigin, Lesslie. *The Finality of Christ*. Richmond: John Knox, 1969.

Nock, Arthur D. *Conversion: The Old and New in Religion from Alexander the Great to Augustine of Hippo*. Oxford: Clarendon, 1933.

Peachey, E. T. *A History of Zen Buddhism*. London: Faber and Faber, 1963.

Pettit, Norman. *The Heart Prepared: Grace and Conversion in Puritan Spiritual Life.* New Haven: Yale University Press, 1966.

Richardson, Herbert, ed. *New Religions and Mental Health: Understanding the Issues.* New York: Edwin Mellen Press, 1980.

Richey, Russell, and Donald Jones, eds. *American Civil Religion.* New York: Harper and Row, 1974.

Routley, Erik. *Conversion.* Philadelphia: Fortress, 1977.

Suzuki, D. T. *An Introduction to Zen Buddhism.* New York: Philosophical Library, 1949.

―――. *Zen and Japanese Buddhism.* Tokyo: Japan Travel Bureau, 1958.

The Willowbank Report: Gospel and Culture. Lausanne Occasional Papers, No. 2. Wheaton: Lausanne Committee for World Evangelization, 1978.

Tillich, Paul. *Christianity and the Encounter of the World Religion.* New York: Columbia University Press, 1963.

Wells, David F. *God the Evangelist: How the Holy Spirit Works to Bring Men and Women to Faith.* Grand Rapids: Eerdmans, 1987.

옮긴이 **조계광 목사**는 자유번역가로 활동 중이며, 총신대와 신대원을 졸업하고, 영국 서리대학 석사를 거쳐 런던대학 박사 과정을 수료했다. 20여 년간 150여 권의 신앙서적을 번역했다. 역서로는 『그리스도인의 경제 윤리』, 『오직 은혜로』, 『오직 성경으로』, 『하나님의 약속을 따르는 자녀 양육』, 『청년에게 전하는 글』, 『예기치 못한 여행』, 『그리스도인이 누리는 보배로운 선물』, 『영혼 인도자를 위한 글』, 『하나님의 거룩하심』, 『남자의 소명』, 『여자, 그리스도인으로 살아가기』, 『성화의 은혜』(이상 지평서원), 제임스 패커의 『하나님의 인도』, 『오스 기니스, 고통 앞에 서다』와 '규장 퓨리탄 북스 시리즈' 등이 있다.

21세기 리폼드 시리즈 13

# 하나님께로 돌아오라

지은이 | 데이비드 웰스
옮긴이 | 조계광

펴낸곳 | 지평서원
펴낸이 | 박명규

편 집 | 정　은, 강해솔, 김희정, 정순우
마케팅 | 전두표

펴낸날 | 2014년 9월 29일 초판

서울 강남구 역삼동 684-26 지평빌딩 **135-916**
☎ 538-9640,1  Fax. 538-9642
등 록 | 1978. 3. 22. 제 1-129

값 11,000원
ISBN  978-89-6497-047-8-94230
ISBN  978-89-6497-013-3(세트)

메일주소  jipyung@jpbook.kr
홈페이지  www.jpbook.kr
페이스북  www.facebook.com/jipyung
트 위 터  @_jipyung